WERNER WEIDENFELD

EUROPA

EINE STRATEGIE

Kösel

MIX
Papier aus verantwor-
tungsvollen Quellen
FSC® C014496

Verlagsgruppe Random House FSC® N001967
Das für dieses Buch verwendete FSC®-zertifizierte Papier *Munken
Premium Cream* liefert Arctic Paper Munkedals AB, Schweden.

INHALT

NACHDENKEN

Der Kontinent kommt nicht zur Ruhe. Eine Krisenmeldung folgt auf die andere. Kritik an Details der Europapolitik wächst. Vertrauensverluste und Distanzierungen sind unübersehbar.

Und dennoch kann die Integration Europas auch als große Erfolgsgeschichte eingeordnet werden. Das Faszinosum Europa hat mich auch als Autor und kritischer Analytiker angelockt. Wie ist dieser komplizierte politische Sachverhalt zu erklären? Wie sind seine Probleme strategisch zu lösen?

Drei biografische Details, drei persönliche Erlebnisse, möchte ich als Erklärungshilfe vorweg anführen:

In meiner Kindheit hörte ich zu Hause viel über Konrad Adenauer. Mein Großonkel hatte ihn mehrfach im Benediktinerkloster Maria Laach vor den Nationalsozialisten versteckt und so dem späteren Bundeskanzler das Überleben gesichert. Das empfand ich als Jugendlicher als eine interessante Geschichte am familiären Frühstückstisch. Und dann hörte ich im Sozialkundeunterricht zusätzlich die unglaubliche Tragödie der Ermordung von vielen Millionen Menschen. Unfassbar! Mit dieser Erkenntnis war aber die berufliche Schlüsselentscheidung für mich gefällt: Man musste dazu beitragen, dass sich so etwas nie mehr wiederholt, dass eine große Zivilisation abkippt in eine Katastrophe der Inhumanität. Es galt also einen stabilen Rahmen der politischen Kultur und des Systems der Freiheit aufzubauen.

Mein Blick fiel wieder auf Konrad Adenauer. Er war doch einer der großen Architekten des Nachkriegseuropas. Er hatte doch auch die Antwort gesucht auf die Katastrophe des Nationalsozialismus und der Weltkriege. Und er hatte sie gefunden. Sie lautete: Einigung Europas. Zusätzlich hatte er eine kulturelle Begründung für die Integration Europas formuliert – jenseits der ökonomischen und machtpolitischen Aspekte: Europa dient auch zum Schutz des deutschen Volkes vor seinen eigenen fragwürdigen Traditionsbeständen: antiwestliche Affekte und antidemokratisches Denken! Meine Schrift zur Habilitation sollte dann ganz diesem Thema gewidmet werden.[1] Zur Erarbeitung des Buches hatte ich sogar die Erlaubnis erhalten, einige Jahre im Hause Konrad Adenauers in Rhöndorf zu arbeiten und sein persönliches Archiv auszuwerten. Als Leitwort hatte ich dem Buch ein Zitat Konrad Adenauers vorweggestellt: »Ein Rückblick hat nur dann Sinn, wenn durch ihn die Ansätze künftiger Entwicklungen bloßgelegt werden und er damit der Zukunft dient!« Meine Überlegungen als Jugendlicher hatten ihre Erfüllung gefunden.

Das zweite biografische Erlebnis, das für unser Thema relevant ist, fand in Begegnungen mit Helmut Kohl, François Mitterand und Jacques Delors statt. Der eine war Bundeskanzler, der andere war französischer Staatspräsident und der Dritte war französischer Finanzminister, der später Kommissionspräsident in Brüssel werden sollte. Den zeitgeschichtlichen Rahmen bildete eine der schärfsten Krisen des Integrationsprozesses Ende der 70er- und Anfang der 80er-Jahre.[2] Mir geht gegenwärtig die Parallele zu aktuellen Krisen durch den Kopf und was wir aus der damaligen Lösung lernen können. Halten wir uns vor Augen: Die krisenhafte Zuspitzung des Niedergangs fand eine scharfe und weithin akzeptierte Bezeichnung: »Eurosklerose«, und wurde zum Schlüsselbegriff der Lagebeschreibung. Europa konnte mit den dynamischen Märkten nicht mehr mithalten. Es erschien erschöpft, gleichsam ein Ausschnitt aus dem Museum. Bundeskanzler Helmut Kohl und Staatspräsident François Mitterand erkannten die dringende Notwendigkeit eines strategischen Aufbruchs. Dazu bedurfte es eines entsprechend begabten politischen Kopfes. Sie fanden ihn in Jacques Delors. Er war ein starker französischer Finanzminister und die meisten sahen in ihm den zukünftigen französischen Staatspräsidenten. Er aber nahm die Herausforderung Europa an. Zunächst teilte er den Staats- und Regierungschefs mit, er müsse nun strategisch nachdenken. Nach einigen Monaten trug er sein Ergebnis vor: Europa braucht zum Aufbruch eine große historische Aufgabe. Dies könnte die Neuorganisation der Sicherheit oder die Vollendung des Binnenmarktes sein. Nur für eine dieser großen Aufgaben besitze Europa Kraft. Der Binnenmarkt wurde als strategisches Thema angenommen. Dies bedeutete die mehrjährige Umsetzung von fast 300 Gesetzeswerken. Die Öffentlichkeit wurde überzeugt durch die Daten und Argumente des umfangreichen Cecchini-Reports. Der eingeschlagene Kurs wurde politisch über etliche Jahre hindurchgehalten.

Aus diesem gelungenen Beispiel ist für die gegenwärtigen Herausforderungen zu lernen: Europa braucht starke politische Führungsfiguren und strategische Köpfe. Die Politik muss die notwendigen Schritte strategisch erklären und vertrauensbildend durchhalten. Die Schlussfolgerung liegt auf der Hand: Europas Politik muss das Erklärungsdefizit eliminieren. Es ist viel mehr Zeit und Kraft auf die Erläuterung zu richten. Wer die Deutungshoheit gewinnt, der gewinnt auch die Zukunft.

Das dritte Erlebnis hebt ab auf die Notwendigkeit, künftige Konstellationen zu antizipieren.

Am 9. November 1989 begleitete ich Bundeskanzler Kohl und Außenminister Genscher auf ihrer Reise nach Polen.[3] Wir hatten im Reisegepäck die aktuellen Umfragen mit dem Thema: »Glauben Sie, noch persönlich den Fall der Mauer zu erleben?« Das Ergebnis war: Ganze drei Prozent der Westdeutschen glaubten, den Mauerfall zu erleben – und am Abend des 9. November 1989 fiel die Mauer. Ich rief bei meinen Mitarbeitern an: »Dies bedeutet die EU-Osterweiterung.«

Mit dieser Antizipation wurde unser Forschungsinstitut zu einer der Schlüsselinstanzen der Datenanalyse zur Vorbereitung der Osterweiterung.

Und wir antizipierten weiter: Wenn die Teilnehmerzahl der Europäischen Integration weiter wächst, dann wird es zu weiteren Differenzierungen kommen. Dies müsse vertraglich geregelt werden, sonst werde Europa vom Druck der Ereignisse überrollt. Der Brüsseler Kommission unter Präsident Jacques Santer lieferten wir dazu die konzeptionellen Papiere. Das Konzept wurde anschließend in den Vertrag von Amsterdam (1997) als »verstärkte Zusammenarbeit« aufgenommen. Allerdings wurde diese Reform ausgebremst durch die Regelung, die jeweils erste Entscheidung müsse einstimmig fallen. Diese Regel wurde im Vertrag von Nizza (2000) abgeschafft. Im Vertrag von Lissabon (2009) fiel dann die enge thematische Begrenzung der »verstärkten Zusammenarbeit«. Seitdem gehört die Differenzierung gleichsam zum europapolitischen Alltag.

Diese drei persönlich-sachlichen Erfahrungen zeigen »Europa« als einen politisch-intellektuellen Magneten, als eine historische Herausforderung[4] und als ein persönliches Faszinosum – jenseits von Schwierigkeiten und Frustrationen.

PROBLEMLAGEN

Der Kontinent driftet von Problem zu Problem. Schuldenberge werden angehäuft. Es grassiert die Angst um das eigene Geld. Folgerichtig kommen Zweifel an der Handlungsfähigkeit und Legitimation der Europäischen Union auf. Hinweise auf die Entmündigung der Bürger durch das Monster Europa werden zum Bestseller. Krisenmanagement wird zum eigentlichen Inhalt und zum eigentlichen Erscheinungsbild der Politik. Wäre es eingebettet in eine klare Strategie und Perspektive, dann könnte man alledem die Dramatik nehmen. Aber gerade das ist nicht der Fall. Jeder einzelne Schritt, jeder einzelne Kompromiss steht praktisch kontextlos da. Weit über zwei Drittel der Bürger Europas bekennen, dass sie das alles nicht verstehen. Zum eigentlichen Kern des Problems ist diese Orientierungslosigkeit geworden. Die Baustelle Europa braucht also nichts dringender als eine geistige Ordnung.

Wie kann nun die strategische Antwort auf diese schwierige Lage aussehen? Sie kann nicht in dem historischen Hinweis auf die Gründerzeiten und die klassischen Motivationslagen der frühen Nachkriegszeit bestehen – was häufig genug versucht wird. Manche politische Kulisse der Integration stammt noch aus den Gründerzeiten, als Antwort auf Krieg und Frieden zu geben war – oder dann, als die Einigung Europas politisches Überlebensprinzip im weltpolitischen Konflikt zwischen Ost und West war. Alles das ist heute konsumiert, bietet bestenfalls hohles Pathos aus vergangenen Zeiten. Es bedarf jetzt der großen Verständigung auf neue Begründungskonstellationen, die das Machtmonster Europa verstehen lassen. Schließlich hat es ja in den letzten zwanzig Jahren einen immensen Machttransfer nach Europa gegeben. Reichte es einst, auf die Frage nach europäischer Zuständigkeit mit dem Hinweis auf Agrarmarkt, Außenzoll und Außenhandelsverträgen zu antworten, so muss man heute umgekehrt argumentieren: Es gibt nur noch zwei Bereiche, in denen Europa keine Gestaltungskompetenz besitzt: die Finanzierung sozialer Sicherungssysteme und die Kulturpolitik. Die gut fünfhundert Millionen Menschen mit ökonomischem Spitzenpotenzial und solider militärischer Ausstattung haben die Europäische Union in den Rang einer Weltmacht befördert. Umso dringlicher wird

es, diese Weltmacht aus taumelnder Orientierungslosigkeit zu befreien.

Dazu bedarf es der neuen Begründungskonstellationen und der präzisen Strategien. Nur so kann
Europa eine zukunftsfähige Form finden. Die Alternativen zu diesem Konzept lassen sich in Ansätzen
gegenwärtig beobachten: In fast jedem Mitgliedstaat gibt es Fluchtbewegungen aus der Komplexität der Lage in die einfache Formel des populistischen Extremismus.

Das zu lösende Kernproblem ist klar: Es besteht
in der Diskrepanz zwischen internationalisierter,
ja weitgehend globalisierter Problemstruktur, teilweise nationaler, teilweise europäischer Entscheidungsstruktur und nationaler Legitimationsstruktur. Diese Diskrepanz ist nur zu überwinden, wenn
der Machttransfer auf europäischer Ebene eine
klare Deutung und eine transparente Erklärung erhält.

Wir erlebten in den letzten Jahren ein Europa-
Drama. Praktisch täglich lieferte der Kontinent
Hiobsbotschaften: »Europa als Albtraum«, »Die
Euro-Rebellion«.

Und es spitzt sich zu: Die Bild-Zeitung macht
auf Seite 1 mit großen Buchstaben auf – »Euro
Schuldenkrise droht zu eskalieren«, »Neue Horror-

meldungen – Die Finanzmärkte reagieren nervös –
Börse auf Talfahrt«. Selbst die Frankfurter All-
gemeine Zeitung titelte dramatisch: »Die große
Angst ums Geld«. Und das intellektuelle Leben
stimmte ein: Europa wird geführt von einer »normativ abgerüsteten Generation der Kurzatmigkeit«
– so schreibt Jürgen Habermas.[5] Diese so über-
schriebene Großbaustelle Europa müssen wir nun
wenigstens gedanklich in Ordnung bringen.

Europa erlebt eine Zeitenwende. Die Zäsur ist
vergleichbar mit den großen Einschnitten in der
Geschichte. Heute handelt es sich einerseits um den
Verlust normativer Fundamente und andererseits
um das Fehlen strategischer Perspektiven. Entsprechend taumelt Europa in seiner Ratlosigkeit dahin.
Der große Machtapparat wird – mit einer drängen-
den Intensität wie noch nie zuvor – mit der Frage
nach seiner Legitimation konfrontiert.

Die früheren Erfolge der Integration haben die
europäische Ebene so machtvoll wie nie ausgestat-
tet. Zugleich erscheint die normative Zielperspek-
tive merkwürdig leer. Bei näherem Hinsehen ist das
Europa-Thema zunächst nichts anderes als ein Ausschnitt des generellen, umfassenden Politik-The-
mas unserer Zeit: Orientierungsverlust. Gleichsam
wie an einer Kette lassen sich die zusammenhän-

genden Problemperlen aufziehen: Europa, Politik, Demokratie, Globalisierung. Das bedeutet: Wenn wir die Problemlagen Europas wirklich verstehen und einordnen wollen, dann müssen wir die aktuellen Schwierigkeiten in einen größeren, generellen Zusammenhang stellen. Die Europa-Krise erweist sich dann als Teilstück einer Politik-Krise. Das Drama Europa ist generalisierend zu übersetzen in »die Erosion des Politischen«.

Historische Zäsuren sind meist mit dramatischen Einschnitten, mit prägender Symbolik verbunden. Man erinnere sich an den Fall der Mauer in Berlin, den Terroranschlag auf das World Trade Center in New York oder die erste Landung eines Menschen auf dem Mond. Gegenwärtig vollzieht sich in Deutschland eine solche historische Zäsur – nur ohne große Symbolbilder, gewissermaßen unbemerkt. Wir sind passive Bestandteile einer Geschichte im Entstehen.

Was ist die Substanz dieses Vorgangs? Jede Person und jede Gesellschaft muss permanent die geradezu unendliche Vielzahl eingehender Informationen filtern und ordnen. Dies gilt insbesondere in Zeiten dramatischer Steigerung der Komplexität. Man denke an Globalisierung und Digitalisierung, technologischen Fortschritt und demografischen

Wandel – der Ordnungsbedarf ist immens. Geschichte und Politik liefern dazu normalerweise Orientierungswissen, das die einzelnen Daten in verstehende Kontexte einordnet. In Zeiten des Ost-West-Konflikts war diese große weltpolitische Ordnung eines weltweiten Antagonismus eine große Quelle der Orientierung. Als diese Ära einer weltpolitischen Architektur unterging, wurde diese Nachfrage an Orientierung direkter und massiver an innenpolitische Produzenten gerichtet. Die Ära Adenauer wie die Ära Brandt, die Zeit des Helmut Schmidt wie die Epoche des Helmut Kohl hatten Orientierungswissen geliefert. Aber nun? Die politische Artistik, die sich an pekuniären Details wie Pkw-Maut, Mietpreisbremse und Mindestlohn abarbeitet, bietet keinerlei Orientierungswissen. Sie beschäftigt die Antennen politischer Aufmerksamkeit nur mit machttechnischen Finessen. Offenbar gewöhnt man sich an Politik ohne Faszinosum, ohne großen strategischen Entwurf.

Und dann wird klar, dass der letzte Ersatzlieferant politischer Orientierung abdankt: die USA. Über viele Jahrzehnte war Amerika als positives Vorbild oder als negativer Antipode Ort der Orientierung für die Deutschen. Man wollte das Vorbild nachahmen oder in antiamerikanischem Affekt dagegen angehen. Der weltweite Hegemon der Überwachung, der vom Terrorismus in die Paranoia getriebene Machtmogul, verliert nun seine profilierende Prägung. Folgerichtig sind die Erosionen in den Tiefendimensionen der transatlantischen Beziehungen unübersehbar: wachsendes Desinteresse, Wechsel der Generationen, Auflösung der personellen Netzwerke, Verschiebung des geostrategischen Fokus.

Diese Lücke könnte Europa füllen – als strategischer Entwurf, als normativer Horizont, als Narrativ von Vergangenheit und Zukunft. Aber bisher lässt das Europa-Thema mit seinem bürokratischen Klein-Klein diesen Bedarf völlig unbefriedigt. So erfährt man nur eine Zeit der verpassten Chancen.

Halten wir fest: In einer Epoche, in der wegen dramatisch wachsender Komplexität der Sachverhalte ein immenser Bedarf an Orientierung besteht, sind die Quellen des Orientierungswissens versiegt. Ein Land in der Orientierungslosigkeit ist ein Land in Not – zunächst noch nicht im materiellen Sinn, sehr wohl aber ist die politisch-kulturelle Not leidvoll erfahrbar.

Die Agenda der Zukunft ist bereits heute greifbar:

Das schicksalhafte Krisenthema »Europa« verlangt nach strategischen Antworten, die über situatives Krisenmanagement hinausgehen. Die Fragen nach Legitimation, Transparenz und Führungsstruktur sind nicht mehr abzuwehren.

Die globalisierte Verwebung fast aller deutscher Lebenssachverhalte verlangt nach Antworten zur weltpolitischen Mitverantwortung Deutschlands und Europas. Der Abhörskandal der USA zeigt symbolhaft, dass die alten Strukturen nicht mehr tragen. Es müssen neue Formen strategischer Partnerschaft erfunden werden – sonst dümpelt Deutschland hilflos und isoliert dahin.

Die Energiesicherung ist in dieses weltpolitische Konzert eingebunden. »Energiewende« bedeutet mehr als nur Abschalten der Atomkraftwerke und Subventionierung regenerativer Energie. Spätestens, wenn in Deutschland einmal die Lichter ausbleiben, wird die Politik die weltpolitische Dimension der Energieversorgung aufgreifen.

Das Sicherheitssyndrom findet beunruhigende Zuspitzungen: Cybersicherheit, Kommunikationssicherheit, soziale Sicherung, neue Formen militärischer Bedrohung. Man beachte dazu: Was ist typisch deutsch? Die Sehnsucht nach Sicherheit, so lautet die Antwort.

Die tief greifende demografische Veränderung bedeutet mehr, als nur immer wieder das Stichwort »Rente« aufzurufen. Die soziale Komposition der Gesellschaft verändert sich völlig. Das reicht vom Arbeitsrecht bis zur Freizeitgestaltung, vom Gesundheitswesen bis zu den Wohnformen, vom Sportbetrieb bis zum Kulturangebot. Dieses neue Gesellschaftsbild bleibt bisher ausgeblendet – es wird sich aber durch evidenten Problemdruck seinen Weg bahnen.

Der Magnetismus der Metropolen und die Absatzbewegungen aus ländlichen Räumen lässt neue gesellschaftliche Formgebungen entstehen. Die bisherigen Raumbilder der Metropolen gelten als vollkommen überholt. Sie werden sich dabei immer weiter ausdehnen. Die technologisch gestützte Mobilität hilft ihnen dabei. »Creative Economy« ist angesagt.

Die Sprachlosigkeit der Politik zu diesen existenziellen Herausforderungen, die sich geradezu in Sinnfragen bündeln lassen, zeigt auch eine elementare politisch-kulturelle Konsequenz: Entzug an Vertrauen. Die politische Landschaft driftet mehr und mehr in die Misstrauensgesellschaft. So wird der Moderne der Sauerstoff entzogen. Man kann diesen Vorgang resignativ als Dahinwelken der

Demokratie bedauern – oder aber zu einem neuen intellektuellen Aufbruch drängen.

Keine politische Ordnung ist endgültig fixiert. Jedes politische System wird jeweils neu auf seine Legitimation und seine Effizienz befragt. Dies gilt in besonderer Weise für Demokratien. Unter den Bedingungen der Volkssouveränität haben sie praktisch ständig ihre Sinnfrage zu beantworten. Denn nur dann wird das spezifische demokratische Arrangement des menschlichen Zusammenlebens von Dauer sein.

Dieser Befund impliziert, dass Demokratien gefährdet sind, insbesondere wenn sie die von ihnen geforderten Begründungsleistungen, Konfliktregelungen und Gütertransfers nicht oder nur unzulänglich erbringen. Vor diesem Hintergrund ist heute besondere Aufmerksamkeit angezeigt: Unter der Oberfläche politischer Tagesereignisse vollzieht sich ein kultureller Umbruch mit weitreichenden Konsequenzen.

Wir nehmen Abschied von der alten Ordnung. Eine historische Epoche ist beendet. Die Ratio der alten Ordnung gilt nicht mehr, doch das Baumuster der neuen Zeit steht noch aus. Die Politik ist – national wie international – auf der Suche nach ihrer Form. So werden Zeiten des Umbruchs zu Zeiten dramatischer Prüfungen. Die Konstellationen aus der Phase der Spaltung zwischen Ost und West zerfallen, und alle Ordnungsmodelle werden kritisch nach ihrer Leistungsfähigkeit, ihrer Bindewirkung und Gestaltungskraft gefragt: die Vereinten Nationen, die Europäische Integration, der Nationalstaat wie die Region. Auf die Statik des Ost-West-Konflikts folgte die explosive Dynamik weiterer Konflikte: nationalistische Machtpolitik, ökonomische Interessengegensätze, territoriale Ansprüche, religiös oder ethnisch begründetes Herrschaftsstreben, Minderheitenkonflikte und staatliche Autoritätskrisen. Politik als Ringen um die allgemeinverbindliche Ordnung versinkt hinter dem Horizont des ungezähmten Kampfes.

Am Anfang stehen Fragen an eine neue Zeit. Nicht das Ende der Geschichte ist angesagt, wohl aber der Verlust an Orientierungssicherheit. Der Umbau der politischen Systeme wird zunehmend durch Fragezeichen zur Tiefendimension von Gesellschaft und Politik ergänzt. Was bindet den Westen, wenn es kein Gegenkonzept des Ostens mehr gibt? Welches Raumbild und welche normative Perspektive soll die Einigung Europas annehmen? Wohin wird sich Deutschland orientieren, wenn sich die Welt so umfassend wandelt?

Bisher bindende Interpretationen verlieren ihre ordnende Wirkung. Daraus ergibt sich ein einzigartiger Bedarf an Analyse und Diskussion. Es gehört nicht viel Fhantasie zu der Annahme, dass es in den nächsten Jahren zu einer tief greifenden Debatte über die neuartigen Problemschichten der Weltpolitik, über Position und Perspektive der deutschen Außenpolitik und über die Bedingungen demokratischen Zusammenlebens kommen wird.

Die gesellschaftlichen Konsequenzen dieses Mangels an Orientierungsklarheit sind frappierend: Die Parteien, aber auch die größeren Verbände und Vereinigungen sind kontextlos geworden und büßen daher an Zustimmung ein. Sie blicken ihren abgewanderten Mitgliedern nach und verbeißen sich noch nachhaltiger in der Zementierung des Status quo. Ein konstruktives Konfliktmuster, ein Pro und Kontra wird nicht sichtbar. Ohne Kompass und ohne Orientierung muss politische Kultur zum Glasperlenspiel verkommen. Bleibt nur noch Ratlosigkeit?

Die Wirklichkeit als Kondensat von Geschichte und Politik – daraus lässt sich ein einfacher Satz ableiten, der so einfach ist, dass er schon fast zu einer Platitude zu werden droht: Niemand entkommt seiner Geschichte, und niemand entkommt der Politik.

In Geschichte und Politik ist keine Frage endgültig beantwortet, aber auch kein Konflikt, keine Idee, keine Illusion, keine Legende endgültig verloren gegangen. Jede moderne Massengesellschaft, gekennzeichnet durch technologische Produktionsbedingungen, durch abstraktes Spezialwissen, durch Anonymität der Beziehungen, durch plurale Lebenswelten, hat einen hohen Bedarf an kollektiver Identität, an Orientierungsleistung. Bezeichnenderweise wird die Frage nach der Identität wieder nachdrücklicher in einer Zeit gestellt, in der die Kataloge der Nachkriegsaufgaben erschöpft sind. Die alten prägenden Ideen und Aufgaben haben ihre Schubkraft verbraucht, ohne dass neue an ihre Stelle getreten wären.

Wenn wir davon ausgehen, dass demokratische Gesellschaften angesichts aller Distanzierungen und Rückzugsbewegungen ihrer Bürger mehr Gemeinschaftsbewusstsein und -erfahrung benötigen, es also eine Art »vagabundierendes Identitätsbedürfnis« gibt, dessen Bezugspunkte unklar sind, dann wird die Zukunft wesentlich davon abhängen, ob und wie es gelingt, die kulturellen Interpretationsordnungen der neuen Epoche zu entwerfen. Ohne diese Leistung gerät die moderne Gesellschaft aus den Fugen.

Europa hat seine Erfolge rasch konsumiert. Der Zerfall der Diktaturen, der Magnetismus der Integration, das Ende der Spaltung: Über die Freude legt sich bald der Mehltau neuer Sorgen, Risiken und Fragezeichen: Entsolidarisierung, nationalistische Überhitzung, ethnische Aggression.

Das neue Europa ist gefordert, komplizierte Übergänge zu gestalten, neue Ordnungspläne zu bedenken. Wen kann es da wundern, wenn elementare Grundsatzdebatten neu aufbrechen? Eine Politik, die hauptsächlich auf die Mobilisierung von Abwehrkräften eingerichtet ist, gerät in Schwierigkeiten, wenn sie eigene Gestaltungskräfte freisetzen soll. Unsicherheit und Ratlosigkeit zur neuen Ordnung Europas – dieser Befund zum Oberflächenprofil des Kontinents verweist auf tiefer liegende Ursachen für die aktuellen Schwierigkeiten: Europa gibt heute keine Antwort auf die strategischen Grundfragen der neuen Epoche.

Der Schwund an positiver Zukunftserwartung ist wohl das alarmierendste Signal der Gegenwart. Von der großen Zukunftsgewissheit – eine der zentralen Quellen des politischen und wirtschaftlichen Aufstiegs nach dem Zweiten Weltkrieg – ist offenbar nicht mehr viel geblieben; auch wenn Phasen positiver Akzentverschiebungen nicht übersehen werden dürfen. Überall dort aber, wo etwa wegen steigender Arbeitslosigkeit und der zunehmenden Verteuerung des Lebens die Zukunftshoffnung der Menschen verkümmert, erlahmen die Antriebskräfte des Fortschritts, sinken die seelischen Temperaturen einer Gesellschaft. Jede Zivilisation hängt kulturell vom Vertrauen in ihre Zukunftsfähigkeit ab. Die Wissenschaft spricht von der Selbsterfüllung der Planung. Pessimismus und Optimismus der politischen Gemütslage sorgen ein Stück weit selbst dafür, welche Farbe die politische Wirklichkeit annimmt.

Sind wir auf die Zukunft vorbereitet? Sind wir zur Modernisierung fähig? Oder konkreter gefragt: Sind wir in der Lage, die weltweite technologische Herausforderung anzunehmen? Kann es bei dem Wettbewerb um die Zukunft gelingen, das humane Klima in unserer Gesellschaft zu verbessern?

Eine der größten Herausforderungen der Zukunft ist die kulturelle Ausdifferenzierung der Gesellschaft. Der Bedeutungsverlust von Grenzen in immer mehr Bereichen ist unaufhaltsam. Gleichzeitig vollzieht sich dieser Globalisierungsprozess in einer Geschwindigkeit, mit der die Menschen nur schwer Schritt halten können. Diese Entwicklung ist für viele unverständlich. Die rasche Verände-

rung ihrer unmittelbaren Umwelt trifft sie unvorbe-
reitet und macht sie Ungewohntem und Fremdem
gegenüber misstrauisch.

Die Vielfalt der Kulturen begründet einerseits
zivilisatorischen Reichtum. Sie bildet andererseits
aber zugleich auch die Ursache für Krisen und
Konflikte. Nicht selten ist in der Geschichte der
Kriege der Gegner durch die Grenzziehung zwischen den Kulturen definiert worden. Die heutige
Weltkarte politischer Spannungen und Aggressio-
nen stellt daher auch unsere Haltung in kulturellen
Fragen auf eine harte Probe.

Die Grenzen überschreitende Kommunikation
der Moderne führt zwangsläufig zum Austausch
zwischen Kulturen. Versatzstücke anderer Kulturen
werden beinahe automatisch in die eigene integriert
und ergeben eine wachsende Vielfalt von Verhal-
tensmustern und Werten. Was sich für die binnen-
gesellschaftliche Pluralisierung beobachten lässt,
gilt auch für die Beziehungen über Grenzen hinweg. Aus der Vergleichbarkeit binnen- und zwi-
schengesellschaftlicher Pluralität folgt zweierlei:
Zum einen gehört der Zugriff auf Wertmuster und
Verhaltensnormen aus anderen Kulturen inzwischen längst zum Verhaltensrepertoire moderner
Menschen, fließen Bestandteile, Bilder, Vorstellun-

gen, Erklärungsmuster in die Pluralität der Lebensformen ein. Zum anderen erweist sich an dieser scheinbaren Selbstverständlichkeit, dass die Differenz der Kulturen nicht zwangsläufig als »Kampf«, als »Clash of Civilizations« begriffen werden muss.

Vieles spricht dafür, dass dem europäischen Kontinent in seiner kulturellen Vielfalt und aufgrund der Integrationsleistungen seiner politischen Kultur eine Schlüsselrolle bei der Vermittlung der Kulturen zuwächst. Als vorwiegend westlich orientierter Kontinent hat Europa die Moderne entscheidend geprägt. Die Europäer besitzen eine lange Tradition sowohl der konfliktarmen als auch der konflikträchtigen Nachbarschaft von verschiedenen Kulturen und verfügen somit über vielfältige Erfahrungen des Voneinander-Lernens und mit der Bewältigung von Spannungen. Als moderne Staaten, in denen heute Menschen verschiedener Kulturkreise zusammenleben, sind die europäischen auf die Errichtung einer Kultur der Toleranz angewiesen. Gelingt es, ein europäisches Toleranzmodell zu entwickeln, das die Bewahrung kultureller Identität erlaubt und den anderen in seiner Andersartigkeit respektiert, so lassen sich daraus Ansatzpunkte einer interkulturellen Verständigung auch im globalen Kontext ableiten.

Die Verwirklichung eines solchen Toleranz-modells erfordert mehr als nur die Fortschreibung der klassischen Instrumentarien der Machtpolitik. Ein europäisches Modell der kulturellen Koexistenz kann nur dann legitim formuliert werden, wenn gleichzeitig anerkannt wird, dass die von Europa ausgehenden Modernisierungsprozesse einen Zwang zur Selbstbehauptung anderer Kulturen ausgelöst haben. Die bisher existierenden internationalen Organisationen erfüllen größtenteils die Bedingungen für eine Vermittlung zwischen den Kulturen nicht. Sie dienen in viel zu geringem Maße dem Kulturaustausch und sind zu weitgehend fixiert auf die Regelung technischer Systemprobleme von Wirtschaft und Politik.

Eine zentrale Herausforderung der Zukunft ist, diese Organisationen so zu gestalten, dass sie den Angehörigen der fernöstlichen Kulturen, der islamischen Welt, aber auch Afrikas oder Lateinamerikas nicht als Instrumente der westlichen Hegemonie, sondern als Verfahren der kulturellen Verständigung erscheinen. Dies setzt ein hohes Maß an Sensibilität für die unterschiedlichen Vorgehensweisen im Umgang mit Konflikt und Konsensfindung in den einzelnen Kulturen voraus. Der Dialog der Kulturen wird letztlich dazu führen, die

Welt auch mit den Augen des anderen zu sehen, dessen Perspektive in das eigene Denken einzubeziehen und gemeinsame Lösungswege für die Zukunftsprobleme der Weltgesellschaft zu finden.

Halten wir fest, was dies alles für die Zukunft des europäischen Demokratie-Modells bedeutet:

Die Gefahren für die Demokratie im 21. Jahrhundert kommen auf leisen Sohlen. Die Krise hat einen geräuschlosen Charakter. Sie besteht aus der schleichenden Auszehrung von innen: wachsende Distanz des Bürgers zum Staat, schwindende Bindung, Entsolidarisierung, Reduzierung des Sorgehorizontes auf die persönliche Betroffenheit. Die Erosion von Gemeinschaftsbindungen und der Vertrauensverfall gegenüber Institutionen, Verluste an Orientierungsbedingungen sind unübersehbar. Die Demokratie sieht sich mit der Auflösung ihrer politisch-kulturellen Grundlagen konfrontiert. Das gute Gefühl, in einer besseren Gesellschaft zu leben, ist mangels schlechten Gegenentwurfs erschüttert. Die Privatsphäre wird zum Kokon.

Die Probleme sind komplexer, die Handlungsspielräume enger, die Abhängigkeiten größer geworden. Die Politik gerät damit in die Defensive. Sie weiß nicht, wie sie den Umgang mit der Knappheit rational steuern soll. Entscheidungsscheu, Abwarten, die Dinge ohne konfliktträchtige Kontroverse in der Schwebe halten – dies kreiert eine neue Art von Politik. Die Abstinenz eines ordnenden Eingriffs lässt den Wunsch nach effektivem Leistungsangebot immer häufiger unerfüllt. Als Konsequenz hat in allen westlichen Demokratien das Vertrauen in die Handlungsfähigkeit der Politik signifikant abgenommen.

Die Globalisierung hat eine Existenzbedingung der Demokratie verändert. Die demokratische Ordnung hat sich bisher im staatlichen Rahmen realisiert. Die Aufgaben wuchern aber zu einem großen Teil über die Grenzen des Nationalstaates hinaus. Sie entziehen sich dem Zugriff gerade jener Instanz, auf die hin Demokratie entworfen und praktiziert wurde. Mit der Auszehrung staatlicher Zuständigkeit geht logischerweise die Entleerung demokratischer Substanz einher. Solange es nicht gelingt, das internationale Leben nach der Idee der Demokratie zu gestalten, ist der Ort demokratischer Verantwortung immer weniger identifizierbar. Das europäische Modell wird diese existenziellen Herausforderungen der neuen Zeit annehmen müssen, will es Zukunft haben. Darin kann eine große Chance liegen. Es könnte der Beginn einer neuen Gründerzeit zur Reform der Demokratie werden.

IDENTITÄT

Wer über den Kontinent intensiver nachdenkt, dem stellt sich die elementare Frage: »Europa – aber wo liegt es?«

Europa entzieht sich einfachen Definitionsversuchen. Zu kompliziert und zu widersprüchlich sind die historischen Entwicklungslinien; zu vielschichtig sind die Ergebnisse, zu vielfältig die politischen und kulturellen Faktoren, als dass man dies alles auf einfache, plakative Formeln verkürzen könnte. Hoffnungshorizonte, Untergangsvisionen, beschwörende Appelle: Die Europäer haben zu fast allen Zeiten leichten Zugang zum Pathos großer Formulierungen gefunden. Europa pflegt viele weihevolle Formeln. Die große Kunst – Dante und Dürer, Shakespeare und Schiller, Chopin und Calderón als Symbole der Einheit, dazu noch die Dome, Klöster und Denkmäler – als ob sich daraus ein Hang zum europäischen Gesamtkunstwerk ableiten ließe. Europa als Ideenspender, Europa als Schatzhaus der Ideale – harmonisierendes Pathos packt Redner und Zuhörer, Autoren und Leser. Die Einheit in der

Vielfalt – diese pauschale Erklärung musste immer wieder über Einwände und Widersprüche hinweghelfen. Die Fragen sind geblieben. Von der Stunde der ersten Bezeichnung bis zum heutigen Tage sind Begriff und Bild von Europa keine selbstverständlich vorgegebenen Größen.

Die Forderung nach begreifbarer Identität ist aber keine Banalität. Jedes politische System bedarf zur Gewährleistung seiner Handlungsfähigkeit eines Rahmens, auf den sich die Begründung für Prioritäten und Positionen bezieht. Es bedarf der Filter zum Ordnen aller eingehenden Informationen.

Halten wir fest, wie Europa die diversen Schichten der Identität abgelagert hat[6]:

Europa war immer zugleich ein geografischer Begriff und eine normative Herausforderung. Die Bedeutung von Europa wurde vor mehr als 2500 Jahren im antiken Griechenland geprägt. Das Wort stammt aus der alten griechischen Mythologie: Europa war die schöne Braut des mächtigen Gottes Zeus. Wenn griechische Denker von Europa sprachen, dann dachten sie an ihre Zivilisation, ihr von »barbarischen«, nicht kultivierten Völkern eingeschlossenes Land. Griechische Kultur wurde als das Herzstück dessen betrachtet, was die Idee von

Europa repräsentierte. In dieser Zivilisation voll philosophischen Geistes begründeten die Griechen eine Definition öffentlicher Angelegenheiten als Verantwortung, die vollständig auf der Verantwortung des Bürgers beruhte. Jeder freie Bürger sollte freiwillig zur öffentlichen Ordnung der *Polis* beitragen. Für mehr als 2500 Jahre war dies der Dreh- und Angelpunkt demokratischen Denkens.

Daran anschließend gilt es mehrere miteinander verknüpfte Gründe vorzustellen, um zu erläutern, warum Geschichte die Ausformung einer europäischen Identität entscheidend bestimmt:

Europa war von Anfang an nicht nur ein geografisches Gebilde, sondern eine Kombination aus territorialer Expansion und kulturellen Werten, aus Auffassungen und normativen Elementen. Mit jeder neuen Entdeckung, Kolonisierung und Eroberung erweiterten sich Europas Grenzen über die kleine griechische Halbinsel mit ihrer fortgeschrittenen Kultur hinaus nach Norden, Süden und Westen des Kontinents.

Europäer haben immer die politischen Grenzen des Kontinents hinterfragt. Europa ist durch natürliche Grenzen im Norden, im Westen und im Süden begrenzt, nicht aber im Osten. Auch heute noch, angesichts der Erweiterung der Europäischen Union, ist der Kontinent mit dem elementaren Problem seiner unbestimmten Grenze konfrontiert.

Im Altertum wurde der Begriff »Europa« mit dem Territorium des mächtigen Römischen Reiches assoziiert, das beinahe ganz Europa mit einer effektiven Bürokratie und der Idee einer Rechtsordnung versah: Der Staat beruhte auf Recht und Gesetz. Unser heutiges Erbe in Europa wird bestimmt von einer Rechtsstaatlichkeit, die dieser langen kulturellen Geschichte entstammt. Von zentraler Bedeutung war zudem die Konvertierung des römischen Kaisers Konstantin zum Christentum um das Jahr 330 n. Chr. Es wurde erwartet, dass das Bild und die territoriale Ausdehnung Europas von der Expansion des (westlichen) Christentums abhängig wurden. Europa konnte überall dort gefunden werden, wo Gottesdienste in lateinischer Sprache gehalten wurden.

Europa wurde viele Jahrhunderte lang durch seine religiösen Fundamente getragen. Heute sind ungefähr 200 Millionen von knapp 500 Millionen Einwohnern der Europäischen Union römisch-katholisch, weniger als 100 Millionen sind protestantisch, 12 Millionen sind moslemisch und eine Million Hindu. Die religiöse Fundierung brachte auch religiöse Konflikte mit sich. Territoriale Grenzen veränderten sich infolge religiöser Machtpolitik. Als Konsequenz daraus trat Migration auf. Dies geschah nicht nur, weil die Grenzen sich oft verschoben haben, sondern auch, weil Menschen wegen religiöser Verfolgung ihre Heimat verlassen mussten. Trotz dieser Migrationsbewegungen verblieben Minderheiten in vielen Ländern und wurden als Quelle von Spannungen betrachtet. Wenn man eine Karte zeichnen würde, die alle diese verschiedenen Grenzen durch die Geschichte hindurch umfasst, so würde man ein sehr dichtes und enges Raster voller Grenzlinien erhalten. Nur drei moderne Nationen erlebten in ihrer jeweiligen Geschichte eine Art Überlappung von religiösen und territorialen Grenzziehungen. Dies waren England und die Kerngebiete Frankreichs und Spaniens. In allen anderen Regionen Europas haben sich die Grenzen mehr oder weniger häufig verändert.

Vor diesem Hintergrund von Migration und Grenzverschiebungen haben Minderheitskonflikte die politische Landkarte Europas bestimmt. So leben heute in Osteuropa beispielsweise mehr als 25 Prozent der Bevölkerung als nationale Minderheiten in ihren Gesellschaften. Alle diese Länder entwickelten sich vom 17. bis zum 19. Jahrhundert schrittweise zu modernen Nationalstaaten. Damit wurde der Nationalstaat zur normalen und regulären politischen Ordnung. Die Bildung von Nationen – idealerweise betrachtet als Gesellschaften mit einem gemeinsamen politischen Willen und gemeinsamen Perspektiven – garantierte jedoch nicht die friedliche Koexistenz der Nationalstaaten. Im Gegenteil, die Kriegserfahrung wurde ein höchst emotionaler Teil des kollektiven Gedächtnisses, die bis heute zutiefst verwurzelt geblieben ist. Demzufolge ist Nationalismus ein ausgeprägtes Element des europäischen Selbstverständnisses.

Europa hat eine mehr als 2000 Jahre alte, von Kriegen geprägte Geschichte. Gleichzeitig gab es jedoch auch europaweite Epochen der Kunst, Dichtung, Architektur, des Theaters, der Musik und anderer gemeinsamer intellektueller Erfahrungen mit Philosophie und politischen Ideen. Die gemeinsame Idee der Aufklärung ging daraus hervor. Diese wurde seit dem Ende des 18. Jahrhunderts das Schlüsselerlebnis für Europa. Der beherzte Gebrauch des eigenen Intellekts ist die zentrale Lehre der Aufklärung. Der Verstand wird als Grundlage des Menschseins betrachtet. Religiöser Glaube wird als individuelle Beziehung zu Gott gesehen und definiert nicht länger die Ordnung des politischen Lebens.

Die Kräfte der Aufklärung trennten Kirche und Staat. Der säkulare Staat wurde zum Standard der politischen Ordnung in Europa. In diesem Konzept muss der ideale Staat gegenüber jeglicher Religion neutral sein. Alle Menschen haben das gleiche Recht auf Würde, unabhängig von der individuellen Zugehörigkeit zu einer bestimmten Religion oder Ethnie.

Keine dieser Entwicklungen ist vollständig aus unserem europäischen Selbstverständnis verschwunden: die Kombination aus territorialer Expansion und kulturellen Werten, die Frage der Grenzen, das Erbe der Religion in einer säkularen Welt, Migration und Minderheitenkonflikte sowie Europas Geschichte als eine Geschichte von Kriegen auch zwischen säkularen Nationalstaaten. All diese divergierenden, facettenreichen Faktoren sind wesentliche Teile unseres kollektiven Verständnisses von Europa. Sie definieren die Gegenwart und das Selbstverständnis von Europas Zukunft und der europäischen Identität.

Nach dem Zweiten Weltkrieg gelang es den Europäern, ihre scheinbar schicksalshaften kriegerischen Auseinandersetzungen zu überwinden. Sie änderten ihr gesamtes System der politischen Zusammenarbeit und der politischen Kultur. Der neue

Schlüsselbegriff dieses neuen Systems der Koordination politischen und kulturellen Lebens war »Integration«.

Diesen historischen Erfahrungshorizont müssen wir nun auf die gegenwärtige Lage Europas projizieren:

In keinem politischen System existiert eine politische Ratio gleichsam als Ding an sich, ohne Bezugnahme auf einen elementaren Konsens, auf gemeinsame historische Erfahrungen und Interessen. Man mag es politische Kultur, mag es kollektives Selbstverständnis, man mag es Identität nennen. Europa kann auf diese Ressource gemeinsamer Selbstwahrnehmung aber nur sehr begrenzt zurückgreifen. Natürlich existieren auch hier gemeinsame Erfahrungen, die Ablagerungen einer konfliktreichen Geschichte und die Erlebnisse gemeinsamer Erfolge.

Aber diese Schicht europaweiter Gemeinsamkeit bleibt vergleichsweise dünn. Sie reicht, um einen gemeinsamen Markt zu begründen. Aber sie offenbart ihre Schwäche bei jedem Schritt, der darüber hinausgeht. Die Europäer erzählen sich nicht eine gemeinsame Geschichte. Selbst die traumatische Erfahrung der Rückkehr des Krieges auf dem Balkan wurde nicht gemeinsam verarbeitet, sondern in getrennten nationalen Erlebniskulturen. In Großbritannien anders als in Deutschland, in Frankreich anders als in Italien. Das gilt auch für andere große Themen – von der Wirtschafts- und Währungsunion bis zur Verfassungsfrage. Ohne einen solchen Kontext der europäischen Selbstverständigung fehlen für den europapolitischen Kurs der Kompass und das stützende Geländer. Dann wird alles zum situationsorientierten Basarhandel, wie wir es von den Gipfelkonferenzen kennen.

Dies ist jedoch nicht wie eine naturgesetzliche Zwangsläufigkeit über uns gekommen, sondern auch der Reflex einer jahrzehntelangen Vernachlässigung europäischer Orientierungsdebatten. Ein Walter Hallstein konnte noch vom »unvollendeten Bundesstaat«, ein Leo Tindemans von der vorhandenen europäischen Identität sprechen, ein Joschka Fischer von der »vorhandenen Finalität Europas«. Das erscheint uns heute wie ein Echo aus einer weit entfernten Epoche.

Die Konsequenz: Wer europäische Handlungsfähigkeit optimieren will, der muss sich nicht nur institutionellen Reformen, er muss sich auch den Mühen europäischer Selbstverständigung unterziehen. Die politischen und kulturellen Eliten müssen ihr Verständnis der Risiken und Chancen ineinander verweben. Es geht also bei näherem Hinsehen nicht nur um Potenziale und Institutionen, sondern um die Grundlagen der politischen Kultur. Auch diese Dimension kann und muss man pflegen und organisieren.

Die Europapolitik hat vieles eingebüßt: Zuverlässigkeit, Kalkulierbarkeit, Standfestigkeit, Gewissheit. Stattdessen dominieren Hektik und strategische Konfusion die Szene. Die Folgen sind sofort handfest greifbar: Europa ist machtpolitisch durchgeschüttelt. Wahlabende erhalten den Stempel des »Historischen«. Die Seelenlage der Gesellschaften erscheint tief erschüttert. Dramatische Wählerbewegungen sind die Konsequenz – ebenso die sprunghaften Positionsveränderungen in der Politik. Europa sind die Haltegriffe der politischen Kultur abhandengekommen.

Es gab Zeiten, da wurde der Orientierungsbedarf weitgehend durch das Angebot großer Ideen und Perspektiven erfüllt. Nach dem Zweiten Weltkrieg bot »Europa« mit seiner großen, historischen Einigungsperspektive einen solchen Anker. Diese Strahlkraft hat die Einigung Europas heute eingebüßt. Die üblichen bürokratischen Ausbremsungen und die alltäglichen Konflikte dominieren das Bild.

Bezeichnenderweise wird die Frage nach der europäischen Identität wieder nachdrücklicher in einer Zeit gestellt, in der gewissermaßen Kataloge der Nachkriegsaufgaben erschöpft sind. Wenn wir davon ausgehen, dass es in Europa einen hohen Bedarf an Gemeinschaftsbewusstsein gibt, der nicht voll befriedigt wird, wenn wir also davon ausgehen, dass es ein vagabundierendes Identitätsbedürfnis gibt, von dem man noch nicht weiß, wo es sich festmachen wird, dann wird die Zukunft Europas wesentlich davon abhängen, ob und wie es gelingt, die kulturellen Muster der neuen Epoche zu entwerfen. Ohne diese Leistungen gerät die moderne Gesellschaft aus den Fugen.

Eine vitale transnationale Demokratie setzt voraus, dass sich die EU-Bürger mit dem politischen System identifizieren und europäische Politik demokratisch legitimieren – etwa durch den Wahlakt zum Europäischen Parlament, durch Zustimmung zur jeweiligen nationalen Europapolitik, vor allem aber in einer lebhaften öffentlichen Auseinandersetzung mit europäischer Politik. Europapolitik wirkt nach innen in die Mitgliedstaaten hinein – und trotzdem ist sie noch immer kein selbstverständlicher Bestandteil nationaler, geschweige denn transnationaler Debatten. Europa ist nach wie vor ein artifizieller Nebenschauplatz. Obwohl die daraus resultierende Akzeptanz- und Legitimationskrise der Europäischen Union bereits seit langer Zeit schwelte, wurden die politischen Entscheidungsträger erst dann alarmiert, als die Nachricht vom Scheitern der Referenden in Frankreich und den Niederlanden kam und ein substanzieller und notwendiger Reformschritt in der Systementwicklung der Europäischen Union über Nacht blockiert wurde. Es liegt aus diesem Grund im wohlverstandenen Eigeninteresse der Union, die Unterstützung des Bürgers für die europäische Politik durch geeignete politische Kommunikation wiederzugewinnen.

Das Thema europäische Integration muss zum integralen und selbstverständlichen Bestandteil politischer Debatten in den Mitgliedstaaten werden. Die Abschottung der nationalen von der europäischen Ebene im politischen Diskurs muss aufgehoben werden, denn sie entspricht im Mehrebenensystem nicht mehr der Realität. Dazu ist Lernen und Umdenken erforderlich, nicht nur für die Bürger, sondern auch unter den nationalen politischen Entscheidungsträgern. Gelingt dies nicht, so besteht die Gefahr, dass Politik zwar zunehmend auf europäischer Ebene gemacht wird, aber dabei abgekoppelt bleibt von der Legitimation durch die Bürger. Anders formuliert: Der Bürger muss den politischen Entscheidungsträgern auch ein Mandat für ihre Politik in der Europäischen Union geben. Und dies vermag er nur, wenn der Europapolitik ein größerer Raum in den tagespolitischen Debatten eingeräumt wird und eine Rückkopplung zur täglichen Lebenswelt der Bürger stattfindet. Erst dann können die Bürger Europa als Teil ihrer eigenen Umwelt begreifen und zum Bezugspunkt ihrer eigenen Standortbestimmung machen.

Um die Symptome der Akzeptanz- und Legitimationskrise der Europäischen Union zu beseitigen, gibt es keinen Königsweg. Vielmehr ist ein Bündel von Maßnahmen erforderlich, das seine Wirkung erst mittel- und anschließend langfristig zeigt. Im Kern fehlt Europa dafür nicht nur das operative Zentrum, es fehlt vor allem ein strategisches Denken. Die großen Mächte Europas haben allesamt ihre weltpolitische Komponente eingebüßt. Keiner dieser Staaten hat den Führungswillen entwickelt, den nationalen Verlust seines weltpolitischen Horizonts nun europäisch komplett zu kompensieren. Das Defizit an strategischem Denken erweist sich so als eigentliche Achillesferse Europas. Es existiert keine Agenda, die Europa in Krisen und Konflikten Orientierung geben könnte. Erst wenn es Europa gelingt, eine Kultur strategischen Denkens zu entwickeln, wird es eine markante gestalterische Relevanz nach innen und außen erhalten und damit auch für die Bürger ein selbstverständlicher Fixpunkt seiner Argumentation und seiner eigenen Identitätsarchitektur werden.

Dazu bedarf es einer Neubegründung des europäischen Integrationsprojekts. Europa ist mehr als die gefestigten Nationalstaaten gefragt, zur Sicherung seiner künftigen Daseinslegitimation eine eigenständige Orientierungsleistung zu erbringen. Doch bisher gilt das Projekt Europa vielen Menschen nicht als Antwort auf die vielschichtigen Herausforderungen der Globalisierung. Europa als Teil der Antwort auf eine neue weltweite Dynamik – dies müssen die Europäische Union und die Mitgliedstaaten in einem offenen und transparenten Kommunikationsprozess ihren Bürgern vermitteln. Hierzu muss die Europäische Union nicht neu erfunden werden. Sie wurde in der Gründerzeit auf ein solides Fundament gebaut: Die friedliche Einigung des Kontinents sowie wirtschaftliche Prosperität in einem Binnenmarkt mit einer gemeinsamen Währung bleiben relevante Motive. Die alten Begründungen sind aber nicht länger ausreichend, um dem Bürger den künftigen Mehrwert des Integrationsprojekts zu vermitteln. Die Europäische Union sollte unter Bezugnahme auf aktuelle Herausforderungen neu interpretiert werden. Ein innovativer, zukunftsfähiger Zugriff auf den Europagedanken, der Vergangenheit und Zukunft, Stabilität und Wandel, Altes und Neues gleichermaßen einbezieht: Diese intellektuelle Leistung gilt es unter den europäischen Eliten zu organisieren und in einer neuen Bildungslogik zu bündeln.

Europa als kulturelles und wirtschaftliches, politisches und sicherheitspolitisches Projekt, das in einem dynamischen Umfeld gleichermaßen nach innen und außen mitgestaltend wirkt: Diesen Begründungszusammenhang zu konkretisieren ist entscheidend für die Vermittlung künftiger Integrationsschritte. Viele Beispiele untermauern schon heute die globale Rolle Europas: die Gestaltung der Weltwirtschaftsordnung, die globale Finanzwelt, die Bedeutung der erweiterten Union im globalen Handel, die Rolle Europas als Stabilisierungsanker und Unterstützer von friedlichen Transformationsprozessen, die Vorbildfunktion der EU-Integration für die ökonomische und politische Zusammenarbeit in anderen Regionen der Welt sowie das Erfolgsmodell der pluralistischen Europäischen Union, die Vielfalt nicht nur zulässt, sondern von ihr sogar profitiert, und damit ein gelebtes Gegenmodell zum »Clash of Cultures« bietet. Gleichzeitig müssen Kanäle geschaffen werden, die eine dialogische Rückkoppelung der öffentlichen Meinung an das strategische Entscheidungszentrum der Europäischen Union erlauben. So ist die Zukunftsfähigkeit Europas zu sichern.

Aber trotz alledem sollten wir die Abgründe Europas, die sich immer wieder auftun können, nicht aus den Augen verlieren:

Napoleon und Hitler schlagen den hegemonialen Weg ein. Sie versuchen, die europäischen Rahmenbedingungen zu sprengen. Sie versuchen, die Europäer dem imperialen Machtwillen zu unterwerfen. Der Aufbruch zur Hegemonie endet jeweils im blutigen Bankrott.

Eine zweite Variante bilden die Spaltungen und Dualismen, die Europas Mitte treffen: die Trennung in ein Ostfranken- und ein Westfrankenreich im 9. Jahrhundert; die politischen Konsequenzen aus der konfessionellen Spaltung im Augsburger Religionsfrieden des Jahres 1555; später der Dreißigjährige Krieg (1618-1648) mit dem Westfälischen Frieden von 1648, zum Elend kommt dort die innere Zersplitterung; dann der Dualismus zwischen Österreich und Preußen, der zur kleindeutschen Lösung führt.

Ein drittes Handlungsmodell bietet die Balance des europäischen Mächtekonzerts. Der Wiener Kongress von 1815 ist seine symbolhafte Verdichtung. Die Balance ist kaum definierbar; sie muss von Mal zu Mal wieder hergestellt werden. Das System des Gleichgewichts bleibt labil, störanfällig; es wird selbst zum Anlass neuer kriegerischer Auseinandersetzungen.

Die vierte Antwort findet sich in einem übersteigerten Selbstbewusstsein der Deutschen, das rät, einen eigenen, besonderen Weg einzuschlagen. Die widrigen politischen Konstellationen lassen das Bewusstsein in die Romantik entfliehen. Die deutsche Kultur wird als überlegen empfunden, unabhängig von den politischen Niederlagen. Der Reiz des Geheimnisvollen macht findig für die Schleichwege zum Chaos. Deutsches Sonderbewusstsein entwickelt sich aus der politischen Romantik des beginnenden 19. Jahrhunderts. Es entfaltet seine Wirkung dann gegen die Weimarer Republik, mit deren rationalem System es nichts anzufangen weiß. An die Fundamente der ersten deutschen Demokratie sind so die geistigen Sprengsätze gelegt, bevor sie die politischen Herausforderungen überhaupt annehmen kann.

Wie soll die Mitte Europas gestaltet werden? Die Versuche zur Antwort verweisen auf eine Geschichte des Scheiterns und des Versagens, des Ausbrechens und der Katastrophen. Der Schauder über die Abgründe und Verwerfungen erzwingt geradezu die Nachfrage nach den fundamentalen Gründen für dieses Phänomen:

Die Versuchung zum Absoluten ist im politischen Leben Europas eigentlich nie endgültig gebannt.[7] Die Strukturen Europas sind nicht gefeit vor machtpolitischen Leidenschaften in der Verfolgung von Absolutheitsansprüchen. Die Strukturen Europas sind außerdem nicht gefeit vor romantischen Aufständen gegen die Kompliziertheit von Politik und Gesellschaft. Die Suche nach der ideellen Gewissheit kann zur Flucht vor den konkreten Schwierigkeiten des politischen Lebens werden. Bricht sich die Versuchung des Absoluten ihre Bahn, dann bleiben jeweils Freiheit und Frieden auf der Strecke.

Zu diesen Versuchungen zählt zweifellos auch der Nationalismus.[8] Der Nationalismus bleibt als Gefahr in der modernen Industriegesellschaft bestehen – einer Gesellschaft, in der es ungeheuer schwierig ist, die arbeitsteilig erworbenen Erfahrungen in ein symbolisches Universum, in einen Sinnzusammenhang einzuordnen. Hinter dem intensiven Ausschnittswissen, über das jeder verfügt, versinkt die Fähigkeit zur Konstruktion der gesellschaftlichen Ordnung. Die Natur erscheint beherrschbar; die Gesellschaftsstruktur entgleitet der Verfügung. In solchen Bedrängnissen bietet der Rückfall in den Nationalismus eine gefährliche Ausflucht.

Die vielfältigen Gemeinschaftsbezüge, in denen die Europäer leben, können Irrwege, Sackgassen und Katastrophen dieser Art durchaus verhindern. Sie helfen, eine Verabsolutierung einzelner Ansprüche zu vermeiden. Wichtig ist dabei vor allem die Erkenntnis, dass sich europäische Identität in Kompliziertheiten bewähren muss. Aus den vielfältigen Identitätsbezügen und Identitätsverbürgungen ergeben sich Spannungen. Die Teile müssen ausbalanciert werden. Dies auszuhalten, ja produktiv werden zu lassen, ist außerordentlich bedeutsam für die politischen und kulturellen Fundamente Europas.

Die Entscheidung über die unentschiedene Zukunft Europas wird abhängen von der Fähigkeit oder Unfähigkeit der Europäer, ihre Identität in Kompliziertheiten zu erfahren und zu artikulieren.

Das Wissen um die Bedingtheiten und Begren-
zungen der politischen Kultur Europas verspricht
nicht nur die Chance einer Identitätsfindung, sie ga-
rantiert sie. Ob Europa diese Chance wahrnimmt,
ist eine Frage seiner Mündigkeit. In merkwürdiger
Weise wird man heute mit Blick auf das künftige
Schicksal des Kontinents an jene Impressionen er-
innert, die Gottfried Benn unmittelbar nach Kriegs-
ende festhielt: »Europa wird vom Gehirn gehalten,
vom Denken, aber der Erdteil zittert, das Denken
hat seine Sprünge.«[9] Dieser Satz hält die Ambiva-
lenzen Europas fest. Europäische Identität könnte
sie zur Chance wenden, könnte neue Begriffe zur
Beschreibung Europas finden: Originalität, Ideen-
reichtum, Toleranz, Zusammenarbeit, Frieden. Es
spricht nichts dafür, dass auf Dauer die europäischen Wege zu einer solchen Wirklichkeit unauf-
findbar sein müssen.

LEGITIMATION

Das Europa-Thema kennt verschiedenste Konjunkturen. Mal steht es für das große historische Friedensprojekt, mal für Krise auf Krise. Es gilt als konstruktive Antwort auf die Katastrophe der Geschichte, aber auch als bürokratisches Monster. Ähnlich tauchen in den Konjunktur-Zyklen jeweils vor den Wahlen zum Europäischen Parlament ähnliche Fragezeichen auf: Wozu überhaupt wählen? Welche Kompetenzen hat denn überhaupt die Europäische Union – und welche das Europäische Parlament? Sollte man im Wahlkampf nicht besser auf innenpolitische Akzente umschalten, um überhaupt Interesse zu wecken? Wenn man die Artikel liest und die Vorträge hört, die im Vorfeld der Wahlen zum Europäischen Parlament alle fünf Jahre entstehen, dann spürt man eine markante Zeitverschiebung in der Wahrnehmung der europäischen Sachverhalte: Offenbar haben viele auch Jahre danach noch nicht wahrgenommen, welch ein dramatischer Machttransfer auf die europäische Ebene stattgefunden hat – und welche Institution der Gewinner in dieser Machtkorrektur ist: das Europäische Parlament.

Zunächst ist es an der Zeit wahrzunehmen, dass die Europäische Union nicht mehr ein bloßes Ornament des Politischen ist. Selbst in den letzten beiden verbliebenen Themenfeldern, in denen die Europäische Union keine originäre Kompetenz besitzt, in der Finanzierung sozialer Sicherheitssysteme und der Kultur- bzw. Schulpolitik, mischt die EU mit: Man denke an die Debatte über die innereuropäische »Armutswanderung«, bei der sich die nationale Sozialsicherung mit der europäischen Freizügigkeit kreuzt. Und für die Schulpolitik setzt die EU ihr neues Instrument ein: die »offene Methode der Koordinierung«. Diese Methode erlaubt es der EU in Feldern, in denen sie nicht zuständig ist, vergleichende Analysen und Berichte über Substanz und Ergebnisse nationaler Politiken vorzulegen. Und damit übt sie öffentlichen Druck aus.

Die umfassende machtpolitische Zuständigkeit der Europäischen Union lenkt nun doch seit geraumer Zeit – wenn auch verspätet – den Blick auf Struktur und Abläufe der Entscheidungsprozesse. Erster Fokus bildete das ursprünglich übermächtige Organ: der Ministerrat. In dem Standard-Entscheidungsprozess wird dort mit »qualifizierter Mehrheit« abgestimmt. Dazu schreiben die Verträge eine Stimmgewichtung vor. Jeder Staat verfügt über eine bestimmte Zahl an Stimmen. Die Zahl der Stimmen reflektiert von Anfang an einen Gesichtspunkt, der bereits bei Gründung der EWG 1958 eine große Rolle spielte: Die kleinen Staaten sollten sich von den großen Staaten nicht an den Rand gedrängt fühlen. Also erhielten sie überproportional viele Stimmen. Malta besitzt drei Stimmen, Luxemburg, Slowenien, Zypern, Estland und Lettland besitzen je vier Stimmen – und die bevölkerungsreichen Staaten wie Frankreich, Italien, Großbritannien und Deutschland verfügen über je 29 Stimmen. Hätte man die Bevölkerungszahl in demokratischer Präzision umgesetzt, dann hätte – ausgehend von Luxemburg mit vier Stimmen – Deutschland mehr als 750 Stimmen im Ministerrat erhalten müssen. Real waren es aber nur 29 Stimmen. Wäre dies zu einem wirklichen Thema in Deutschland geworden, wäre eine gravierende Legitimationskrise unvermeidbar geworden. Deshalb versuchte die Bundesregierung bei jeder Korrektur der europäischen Verträge seit Maastricht, diese Stimmengewichtung abzuschaffen. Es gelang ihr jedoch weder beim Vertrag von Maastricht noch beim Vertrag von Amsterdam noch beim Vertrag von Nizza noch beim Entwurf der Verfassung Europas. Die kleinen Staaten hatten begriffen, dass damit die Machtfrage gestellt ist. Erst bei den Verhandlungen zu dem Vertrag von Lissabon gelang es der Regierung Merkel, die Abschaffung der Stimmgewichtung im Ministerrat durchzusetzen. Aber auch dies gelang nur mit einer langen Übergangsfrist: Der Vertrag von Lissabon ist seit 2009 in Kraft. Die Abschaffung der Stimmgewichtung gilt aber nach Protokoll Nr. 36 des Vertrags erst ab 2017. Dies zeigt uns, wie langwierig und sensibel solche Machtkonstellationen angegangen werden müssen, will man sie korrigieren.

Dies kann man gewissermaßen als Vorgeschichte einer Schlüsselfrage verstehen, deren Beantwortung nun im Vorfeld einer Direktwahl zum Europäischen Parlament unausweichlich wird.

Der große politische Macht-Magnet »Europäische Union« verlangt im demokratischen Zeitalter nach demokratischer Ausgestaltung und demokratischer Kontrolle. Diesem Druck haben die Verhandlungsführer bei jeder Vertragskorrektur seit Mitte der 1980er-Jahre auch Rechnung getragen. Der eigentliche Macht-Gewinner in diesen Jahrzehnten trägt immer den gleichen Namen: Europäisches Parlament. Es hat jeweils weitere Kompetenzen dazugewonnen. Das alte Bild vom machtlosen Parlament, das für die Anfangsjahre zutraf und heute noch oftmals in der Entscheidung der Bürger nachwirkt, gehört in das Reich der Märchen und Albträume. Die Europäische Union verfügt heute inzwischen real über ein »Zwei-Kammer-System«. Gesetzeskraft erhält eine Regelung nur, wenn beide Kammern zustimmen – Europäisches Parlament und Ministerrat. Solch eine Entscheidungsmacht zweier Organe gilt auch für das Haushaltsverfahren und nun auch für die Bestellung der exekutiv so starken EU-Kommission. Der Europäische Rat benennt mit qualifizierter Mehrheit einen Kandidaten für das Amt des Kommissionspräsidenten. Der Rat muss dabei – so der Lissabon-Vertrag – »das Ergebnis der Wahlen des Europäischen Parlaments berücksichtigen«. Dieser Kandidat wird dann im Europäischen Parlament zur Abstimmung gestellt. So wird anschließend in einer zweiten Runde entsprechend mit der gesamten Kommission verfahren. Das Europäische Parlament stimmt über die komplette Exekutiv-Mannschaft ab.

Beide großen Machttransfers – die Übertragung der Macht von den Mitgliedsstrukturen auf die Europäische Union und die massive Ausstattung des Europäischen Parlaments mit Entscheidungs-

kompetenz – treffen sich dann in einer Schlüsselfrage zur Zukunft Europas: der Frage nach der
Legitimation. Dieser Ausdruck der Idee der Volkssouveränität ist wie selbstverständlich in die Konstruktion jeder Kommune, jedes Bundeslandes, jedes
EU-Mitgliedslandes eingebaut. Aber die Europäische Union hat dieses Thema noch nicht geklärt.

Die Wahl zum Europäischen Parlament führt
dies wieder deutlich vor Augen. Denn das Prinzip
der Gleichwertigkeit jeder Stimme gilt hier nicht,
nicht einmal ansatzweise. Eine nüchterne Zahl
macht uns das schnörkellos klar: In Malta wählen
rund 68 000 Bürger einen Abgeordneten, in Luxemburg wählen rund 83 000 Bürger einen Abgeordneten, in Deutschland braucht man dafür rund
852 000 Bürger. Es handelt sich um eine dramatische Diskrepanz, die schmerzhaft in dem Mo-
ment auffällt, in dem die Bürger die Relevanz der
Stimmabgabe erkannt haben. Das Prinzip dieses
dramatischen Ungleichgewichts klingt sehr gebil-
det. Es handelt sich hierbei um eine »degressiv pro-
portionale Repräsentation«. Das stimmt. Real aber
ist es ein schwerer Verstoß gegen das Grundprinzip
der Demokratie. Eine »degressive« Mitwirkung,
also die drastische Beschneidung demokratischer
Mitentscheidung wird zur Legitimationskrise des

Systems, sobald die Menschen die Relevanz dieses Vorgangs perzipiert haben. Die asymmetrische Legitimation wird auf Dauer nicht hingenommen – das zeigt uns die Geschichte der Demokratie. Das demokratische Europa wird kein Ausnahmefall bleiben. Daher ist es gut, möglichst bald Antworten auf die Legitimationsfrage zu geben.[10]

Die Internationalisierung der Lebenssachverhalte hat zu einer entsprechenden politischen Problem- und Entscheidungsstruktur jenseits des Nationalstaats geführt. Der Staat ist für die Probleme zu klein geworden. Das politische System, das sich Europäische Union nennt und gut 500 Millionen Menschen in ihrem Zusammenleben organisiert, hat offenbar die adäquate Größe. So lässt sich in der globalisierten Welt ganz offenbar in Selbstbestimmung das Leben gestalten. Entsprechend hat sich die Europäische Union zum Macht-Magnet entwickelt.

Und dennoch: Wenn der Macht-Koloss Europäische Union drastisch spürbar in das Leben der Menschen eingreift – beispielsweise indem er über Erhalt oder Verlust Tausender Arbeitsplätze entscheidet – dann taucht sofort die Frage auf: »Ist die Europäische Union überhaupt dazu legitimiert?«

Diese Frage nach Legitimation wird zum ganz großen Fragezeichen der Zukunft Europas. Eine politische Ordnung muss für die Menschen als gerechtfertigt erscheinen und sie muss in ihrer elementaren Ordnungsidee und in ihren Entscheidungsprozessen akzeptiert sein. Diese Existenzfrage eines jeden Systems findet bisher zu Europa keine klare Antwort.

Wie schwer sich Europa tut, seine Themen zu vermitteln, zeigt auch die Rechtsprechung des Bundesverfassungsgerichts. Das Bundesverfassungsgericht, nicht das Parlament selbst, hat es zunächst durchgesetzt, dass bei allen wichtigen europäischen Entscheidungen der Deutsche Bundestag mitwirken muss. Auf dieser Grundlage haben dann die Landtage weitere Mitentscheidungsprozesse erwirkt. Dann hat 2014 das Bundesverfassungsgericht erstmals ein europäisches Verfahren – es ging um Entscheidungen der Europäischen Zentralbank – an den Europäischen Gerichtshof weitergegeben. Aber dann kam der Rückfall auf ein antiquarisches Bild vom Europäischen Parlament, das längst nicht mehr der faktischen Rolle entspricht. Das Bundesverfassungsgericht hob die 3-Prozent-Klausel auf – mit einer merkwürdigen Begründung: Das Europäische Parlament habe nicht genügend

Kompetenzen, für die es auf stabile Mehrheitsverhältnisse ankomme. Dabei wählt das Europäische Parlament die Exekutive, sogar zweifach. Es ist im sogenannten Mitentscheidungsverfahren gesetzgeberisch die eine von zwei Kammern und es ist Haushaltsinstanz. Dieses Parlament nun als politisches Organ zweiter Klasse einzuordnen, gehört wohl zu den besonders merkwürdigen Verzerrungen der Wirklichkeit. Das Urteil des Bundesverfassungsgerichts zwingt nun in der politischen Praxis das Europäische Parlament zu weiteren alltäglichen informellen Vorabklärungen der großen Parteien – gewissermaßen zur permanenten Großen Koalition. Die Macht sucht sich eben ganz praktisch ihre Wege, was nicht der Legitimation hilft.

Als der Integrationsprozess nach dem Zweiten Weltkrieg begann, war seine Kompetenz minimal, die Rechtfertigung war abgeleitet worden von den Mitgliedstaaten und zudem fundiert durch die historische Erfahrung der Kriege. Als sich die Kompetenz für Europa ausdehnte, machte man erste schüchterne Versuche, die Quellen der Legitimation auszubauen. Das Europäische Parlament erhielt Schritt für Schritt mehr Kompetenzen und ab 1979 wurde es direkt gewählt. Im Jahr 2014 ist die Wahl sogar erstmals politisch aufgewertet mit einem indirekten Votum zur Besetzung des Amtes des Kommissionspräsidenten. Und dennoch bleibt die Frage nach der Legitimation jenes europäischen Machtkonstrukts unbeantwortet. Ganz offenbar bleibt das Europäische Parlament zu weit entfernt, zu abstrakt, zu anonym, zu wenig greifbar. Es fehlt an Transparenz und klarer Zurechnung von Themen und Verantwortlichkeiten – da kann eine Entfremdung vom politisch-administrativen System nicht überraschen. Es fehlt dem europäischen Bürger an politischer Vertrautheit, an politischer Heimat. Er vermisst den Entwurf, der im Pro und Kontra zur Debatte und zur Abstimmung steht. Er vermisst die europäische Öffentlichkeit, die sich im Dafür und Dagegen formiert. Es bedarf also des europäischen Diskurses genauso wie der nationalen, regionalen und lokalen Diskurse über europäische Entscheidungen: Dies aber bleibt bisher weitestgehend Fehlanzeige.

Zu diesem Defizit kommt es, obwohl die Europäische Integration über eine duale Legitimation verfügt. Es gibt gewissermaßen zwei Quellen der Rechtfertigung: Da ist einerseits die direkte Wahl des Europäischen Parlaments – und da ist andererseits die parlamentarische Wahl der nationalen Regierungen, die im Europäischen Rat und im Ministerrat eine politische und rechtliche Schlüsselrolle wahrnehmen. Aber offenbar findet kein relevanter Legitimationstransfer in der Wahrnehmung der europäischen Bürger von einer in den nationalen Koordinaten gewählten Regierung auf die europäischen Koordinaten statt. Die ganz spezifische Konstruktion der europäischen Eigenständigkeit wird offenbar nicht verstanden – und wohl auch nicht klar und kraftvoll erklärt.

Weder über das Europäische Parlament noch über die nationalen Regierungen und die nationalen Parlamente wird offenbar ein europäischer Zusammenhang der Rechtfertigung und Akzeptanz von Politik vermittelt. Es fehlt eine europäische Öffentlichkeit, deren Wahrnehmungshorizont in seiner existenziellen Bedeutung den europäischen Unionsbürgern unter die Haut ginge.

Ein ganzer Katalog an Maßnahmen bietet sich an, will man den fatalen Status wirklich korrigieren: die Schaffung europäischer Medienstrukturen für eine europäische Öffentlichkeit, die Verlebendigung der Debatten im Europäischen Parlament, die Betonung der großen Alternativen, die Einrichtung eines Konvents für eine breitere parlamentarische Erörterung der Themen, die Kreierung eines eigenen Parlaments der Euro-Länder, die Initiierung vieler europäischer Bürgerinitiativen zur Erlebbarkeit eines Europas von unten. Kürzlich haben Ulrich Beck und Daniel Cohn-Bendit ein »Manifest zur Neugründung Europas von unten« initiiert. Europa braucht viele solcher Initiativen, will es an politischer Vitalität gewinnen. Es gehören eben zusammen: die Handlungsfähigkeit Europas und die europäische Öffentlichkeit, die Akzeptanz Europas und die europäische Demokratie. Das große Fragezeichen zur Legitimation Europas braucht also bald eine große Antwort.

FÜHRUNGSKULTUR

Ein Helmut Schmidt erklärt das Problem mit unverblümter Direktheit: »Was fehlt, ist Führung.«[11] Immer intensiver wird dazu der Blick auf Deutschland gerichtet. Welche Zukunftsperspektive wird für Europa eröffnet und welche Rolle wird Deutschland dabei übernehmen?

Auch wenn dabei heute eine besondere Dringlichkeit mitschwingt, so darf man nicht übersehen, dass das Thema »Deutschland in Europa« von den ersten Tagen der Integration nach dem Zweiten Weltkrieg virulent war, mit jeweils unterschiedlichen Akzenten.[12]

Die Frage nach der deutschen Führungsleistung ist immer verwoben mit dem Blick auf das deutsch-französische Tandem, nach der Osterweiterung der Europäischen Union erweitert auf ein deutsch-französisch-polnisches Dreieck.

Ein Blick in die Geschichte zeigt auch immer wieder die Ambivalenz der Forderung nach einem deutschen Führungsbeitrag in Europa. Führung wird gefordert. Wird sie dann geleistet, wird sie sofort kritisiert. Wird sie unterlassen, wird ebenfalls Kritik geübt. Alle Nachbarn sollen in die Führungsperspektive einbezogen werden. Führung ist also in Teambildung zu realisieren – eine ebenso sensible wie machtpolitisch komplizierte Aufgabe. Aber in diesem Modus hat sie sich auch heute zu verwirklichen.

Der europapolitischen Debatte in Deutschland gelingt es nicht, ein transparentes Verstehen der komplexen Sachverhalte zu schaffen. Die politische Debatte ist im Wesentlichen geprägt von den zügig wechselnden Akzenten eines situativen Krisenmanagements. Entsprechend kritisieren die im Bundestag vertretenen Parteien nicht den grundsätzlichen europapolitischen Kurs und stimmen den Vorlagen der Bundesregierung zu. So agieren CDU und CSU, FDP, SPD und Grüne. Lediglich die Linke stimmt mit »Nein«, ohne aber damit eine die Öffentlichkeit packende Debatte auszulösen.

Der europapolitische Konsens ist in Deutschland breiter abgesteckt als in den meisten anderen Staaten. Das hat historische Hintergründe: Nach den Katastrophen politischer Kultur, die Deutschland auslöste und den ganzen Kontinent in Kriege und Abgründe trieb, war die Wendung umso dramatischer. Die Antwort war ein unbedingtes »Ja« zu Europa. Vertrauensgewinn, Gleichberechtigung, Schutz gegen antidemokratische Tendenzen – in der Bundesrepublik Deutschland besaß die Bejahung der europäischen Gemeinschaftsbildung von Anfang an durch die Jahrzehnte eine spezifisch tiefe Verankerung.[13] Konsequenterweise hat es auch nach Vollzug der Grundsatzentscheidungen zu den Römischen Verträgen nie einen Wahlkampf gegeben, in dessen Zentrum ein Pro und Kontra zu Europa stand. Die Partei-Strategen hatten frühzeitig erspürt, dass mit einem Anti-Europa-Kurs keine Wahl zu gewinnen ist. Entsprechend wurde bisher die europapolitische Debatte weniger vom Deutschen Bundestag geprägt als von etlichen Urteilen des Bundesverfassungsgerichts. »Karlsruhe spricht, Europa zittert.«[14] Das Verfassungsgericht erzwang auch eine stärkere Beteiligung des Parlaments.

Vor diesem Hintergrund wird bei aller Pflege der Bejahung Europas dennoch verstärkt die europäische Legitimationsfrage aufgeworfen. Da ist im Krisenmanagement ein Fiskalpakt entstanden, der die Verantwortung über 700 Mrd. Euro trägt – und wer legitimiert die dazu notwendigen Entscheidungen? Sowohl in den Medien als auch in den Parteien werden Forderungen nach direkter Volksabstimmung über die europapolitischen Entscheidungen laut. Der intellektuelle Diskurs erfasst diese Thematik. Ein Jürgen Habermas plädiert für ein europäisches Verfassungsprojekt.[15] Ein Hans Magnus Enzensberger warnt vor der Entmündigung Europas durch das sanfte Monster Brüssel.[16]

Die zweifellos erheblich intensivierte Debatte hat aber bisher keine klare Kontur angenommen. Da wird ein Detail des europäischen Rettungsschirms kritisiert, daneben eine Volksabstimmung gefordert, dann deutsche Führung angemahnt – und zugleich davor gewarnt. Der Beobachter ist angesichts der Vielfalt der Stimmen und des rudimentären Zusammenhangs eher irritiert. Es gilt also, immer wieder aufzuzeigen:

»Die deutsche Europapolitik verfolgt seit Adenauer eine Strategie des ›reflexiven Multilateralismus‹, der zufolge Bonn bzw. Berlin nationale Interessen in der Gemeinschaft nicht direkt und nicht unilateral verfolgte, sondern seine Präferenzen im europäischen Kontext bildet und in enger Abstimmung mit der französischen Führung und den kleinen Mitgliedstaaten sowie mit der Europäischen Kommission koordinierte – der Vertrag von Maastricht und die Ausgestaltung der Wirtschafts- und Währungsunion gelten als Musterbeispiel dieser Strategie des ›leading from behind‹. Das deutsch-französische Tandem gilt seit einigen Jahren jedoch als ›old couple‹, was die Abstimmung zwischen Berlin und Paris in der Krisenpolitik zusätzlich erschwerte. Mit der deutschen Einheit und der damit einhergehenden finanziellen Belastung veränderten sich die Rahmenbedingungen dieser multilateralen Politik, so dass die traditionelle ›Europafreundlichkeit‹ in Deutschland in Frage gestellt wurde und vermehrt die tatsächlichen oder vermeintlichen Kosten in den Mittelpunkt gerückt wurden.«[17]

Eine Ordnung des sprunghaften, schwer übersehbaren Diskurses zur deutschen Europapolitik wird nur ermöglicht, wenn zur Sache selbst, zur Krise der Integration, Klarheit verschafft wird. Bringen wir also Ordnung in die Baustelle Europa: Die Anfragen an die deutsche Außenpolitik werden intensiver; die Herausforderungen wechseln hektischer – von der Zukunft des Euro über die Perspektive europäischer Solidarität bis hin zur Transformation arabischer Staaten, vom Nahost-Konflikt über die Energiewende bis hin zur Verhaltensstrategie im UN-Sicherheitsrat und die Zukunft der NATO.

Aber auch die intensiveren und nachdenklicheren Untersuchungen zur deutschen Außenpolitik finden keine greifbaren Antworten: »Deutsche Au-

ßenpolitik: Orientierungslos«.[18] Altbundeskanzler
Helmut Kohl konstatiert: »Deutschland ist schon
seit einigen Jahren keine berechenbare Größe
mehr.«[19] Jürgen Habermas holt noch weiter aus:
»Früher ließen sich Politiken der Bundesregierun-
gen aus einer nachvollziehbaren Perspektive bündeln: Adenauer war auf die Bindung an den Westen
fixiert, Brandt auf die Ostpolitik und die Dritte
Welt; Schmidt relativierte das Schicksal des kleinen
Europa aus dem Blickwinkel der Weltökonomie,
und Helmut Kohl wollte die nationale in die europäische Einigung einbinden. Alle wollten noch etwas! Schröder hat schon eher reagiert als gestaltet;
immerhin wollte Joschka Fischer eine Entscheidung über die *finalité*, wenigstens die Richtung
der europäischen Einigung herbeiführen. Seit 2005
zerfließen die Konturen vollends. Man kann nicht
mehr erkennen, worum es geht; ob es überhaupt
noch um mehr geht als um den nächsten Wahler-
folg. Die Bürger spüren, dass ihnen eine normativ
entkernte Politik etwas vorenthält«[20].

Daran knüpft sich die Frage nach der deutschen
Führungsaufgabe in Europa. Man fordert »mehr
Verantwortung«.[21] Wie diese Verantwortung strategisch umzusetzen ist, wird zur Schlüsselfrage, die
im Blick auf den Status quo in der Literatur kritisch

beleuchtet wird. Der Analytiker der Macht Joseph Nye schreibt dazu: »Erfolgreiche Führungspersönlichkeiten müssen eine Vision kommunizieren, die ihrer Politik einen Sinn verleiht und andere anspornt, diese Politik zu unterstützen. Gemeinhin enthält eine derartige Vision ein Zukunftsszenario, das den Wandel fördern soll. Oder sie beschreibt den Status quo als reizvoll, um Widerstand gegen den Wandel anzuspornen. Wie auch immer: Ohne eine Vision ist es schwierig, andere überhaupt in eine Richtung zu führen.«[22]

Die Frage nach der Strategiefähigkeit deutscher Außenpolitik ist damit gestellt. Deutschland ist es nicht gewohnt, umfassende strategische Verantwortung zu übernehmen. Dafür benötigt man eine strategische Kultur und eine strategische Elite.

Nehmen wir den Befund zur politisch-kulturellen Lage Deutschlands als Beispiel für den aktuellen Stand der Führungskultur in Europa: Frohe Botschaften sind auch der deutschen Politik abhandengekommen. Es geht um Krisenberichte, Angst-Szenarien, Katastrophen-Horizonte. Politik verzehrt sich vom Dioxin-Skandal bis zum Winter-Chaos der Deutschen Bahn, vom Banken-Desaster bis zum Hochwasser-Einsatz, von der Maut-Gebühr bis zur drastischen Wende in der Energiepolitik. Diese Oberfläche des Politischen wird grundiert durch gravierende Veränderungen der politischen Kultur. Das Beben der kulturellen Fundamente ist der eigentliche Grund für manch ein aktuelles Desaster.

Wenn wir es aktuell zuspitzen: Deutschland regt sich auf. Stuttgart 21 eskalierte zu einem Symbol neuer Protestbereitschaft in der Bundesrepublik Deutschland. Die dramatischen Bilder gewaltsamer Auseinandersetzung um einen Bahnhofsneubau graben sich tief ein in das Bewusstsein der Bürger. Die Bundeskanzlerin fühlt sich herausgefordert, höchstpersönlich eine solche lokale Infrastrukturmaßnahme zu einem Schlüsselthema der Republik zu erklären. Da stehen plötzlich Zehntausende, ja Hunderttausende Bürger auf der Straße. Der Aufstand in der Hauptstadt Baden-Württembergs zog zwar magnetisch das massenmediale Interesse an – es war aber kein singuläres Ereignis. In praktisch jeder Stadt ist ein ähnliches Phänomen zu registrieren. Mal handelt es sich um einen Tunnelbau, eine Brückenkonstruktion, ein neues Kraftwerk, eine Bahntrasse, eine Flugschneise, eine Tiefgarage, mal um die Bewerbung um die Olympischen Winterspiele 2022. Angesichts der Vielzahl an Demonstranten hat der Castor-Transport zum Atommüll-Lager in Gorleben besonders lange gedauert.

Diese Aufstände hätten eigentlich mit einem Hinweis auf alte Weisheiten aus elementaren Lehrbüchern der Sozialkunde beantwortet sein müssen: Die Repräsentative Demokratie hat rechtsstaatliche Verfahren festgelegt. Die Entscheidungen sind korrekt gefällt. Die Volkssouveränität ist auf legitime Repräsentanten übertragen, die entsprechende Aufgaben wahrnehmen. Damit ist rechtsstaatlich alles festgelegt und zu akzeptieren.

Diese alte, hausbackene Erklärung erfasst aber die neue Aufgeregtheit nicht mehr. Es handelt sich bei den Protestlern auch nicht mehr um die radikalen Ideologen früherer Jahrzehnte. Die ehemaligen Straßenkämpfer haben das Heft nicht mehr in der Hand. Die »Wut-Gesellschaft« erfasst praktisch alle Attitüden in ihrer gesamten Bandbreite.

Jetzt ist es die bürgerliche Mitte, die auf die Straße geht und protestiert. Sie fühlt sich nicht mehr vom herkömmlichen Parteienstaat gebunden. Sie begehrt gegen Entscheidungen auf, die viele bis gestern selbst mit angestrebt haben. Die Distanzierung vom Politischen wird zum Fanal neuen Aufbegehrens. Die massenmedial verwöhnte Ereignisgesellschaft erfreut sich an neuen Events. Im Protest findet sich für viele das neue Gemeinschaftserlebnis, die neue Unterhaltsamkeit.

Wie kann die Politik – sei es nun in Deutschland, Frankreich, Italien, Spanien oder in jedem anderen Mitgliedsstaat der Europäischen Union – auf dieses neue Phänomen sensibel und angemessen antworten?

Sie sollte viel früher partizipative Elemente zulassen. Die Bürger sollten viel früher ihre Stimmungslagen einbringen können und Gehör finden. Und dann sollte Politik Orientierungswissen bieten. Die Bürger suchen Vertrauen, Zuverlässigkeit, Kalkulierbarkeit. Wenn die Politik auf den Protest nur empört, verwundert reagiert, dann wird die Wucht dieser Bewegung eigene Verlaufsformen finden. Das Nachschlagen in den alten Lehrbüchern der Sozialkunde wird allein keine Antworten auf die neue Protestbewegung liefern. Politik sollte kreativer und sensibler werden.

Für ganz Europa bedeutet das: Wir nehmen Abschied von der alten Ordnung. Eine historische Epoche ist beendet. Wir durchleben eine neue Zwischenzeit. Die Ratio der alten Ordnung gilt nicht mehr, doch das Baumuster der neuen Zeit steht noch aus. Die Politik ist – international wie national – auf der Suche nach ihrer Form. Andererseits gewinnen versunken geglaubte Prägungen neue Ausstrahlung: die religiös wie kulturell bestimmten Räume Europas, die Renationalisierungen wie die ethnisch orientierten Machtambitionen. Auf die Statik des Ost-West-Konflikts ist die explosive Dynamik der vielen Konflikte gefolgt.

Politik als Ringen um die allgemeinverbindliche Ordnung versinkt hinter dem Horizont des ungezähmten Kampfes. Am Anfang stehen Fragen an eine neue Zeit. Der Umbau der politischen Systeme wird zunehmend ergänzt durch Fragezeichen zur Tiefendimension von Gesellschaft und Politik. Was bindet den Westen, wenn es kein Gegenkonzept des Ostens mehr gibt? Welches Raumbild und welche normative Perspektive soll die Einigung Europas annehmen? Wohin wird sich Deutschland orientieren, wenn sich die Welt so umfassend wandelt?

Wir durchleben eine Zwischenzeit, ohne dominierende Konstellation, ohne prägendes Muster. So sind wir mit der ganzen Kompliziertheit der neuen Lage konfrontiert. Es gehört wenig Fantasie zu der Annahme, dass es in den nächsten Jahren zu einer tief greifenden Debatte über die neuartigen Problemschichten der Weltpolitik wie über Position und Perspektive der deutschen Außenpolitik kommen wird. Bisher bindende Interpretationen verlieren ihre ordnende Wirkung.

Daraus ergibt sich ein einzigartiger Bedarf an Analyse, Orientierung und Diskussion, der nicht befriedigt wird. Die gesellschaftlichen Konsequenzen dieses Fehlens an Orientierungsklarheit sind frappierend: Die Parteien sind kontextlos geworden, büßen logischerweise an Zustimmung ein. Die einzelnen Parteien und Verbände blicken ihren abgewanderten Mitgliedern nach und verbeißen sich noch nachhaltiger in die Betonierung des Status quo. Ein die Gesellschaft bindendes Konfliktmuster, ein Pro und Kontra, wird nicht sichtbar. Ohne Kompass und ohne Originalität verliert jede Führungskultur in Europa ihre orientierenden Bindekräfte.

Die Parteiensysteme in Europa hatten ihre Zuordnungen aus dem Schema des Ost-West-Konflikts bezogen, der nicht nur eine machtpolitische Auseinandersetzung, sondern primär ein Kulturkonflikt war. Rechts und links waren eingespannt in den Schraubstock dieser weltpolitischen Symbolwelt. Nachdem aber die Kulissen dieses Kampfes zwischen Menschenbildern – der Mensch als freie Person versus den Menschen als Gattungswesen – verschwunden sind, haben die Parteien als die zentralen Vermittlungsinteressen demokratischen Lebens ihre programmatischen Verankerungen verloren. Schon längerfristig vollzieht sich für die Parteien der Verlust ihrer angestammten Milieus. Was das Versanden kirchlicher Bindungen für die einen, ist die Auflösung der klassischen Arbeiterschaft für die anderen. Die Omnipräsenz der Parteien in den Gremien, Nischen und Schauplätzen der Moderne steht im drastischen Gegensatz zu ihrem Verlust an Fähigkeit, die kulturelle Prägung der Moderne zu liefern. Im Unterschied zu früheren Jahrzehnten bieten sie in keinem europäischen Land die bindenden Interpretationen, die Konfliktmuster, in die sich eine Gesellschaft im Für und Wider einordnen kann. Sie bieten die Verwaltung der Macht – und entsprechend entwickelt sich ihr Personal. Aus kulturellen Gestaltungseliten sind machtorientierte Verwaltungstechnokraten geworden.

Alle etablierten Parteien des alten Europa erfahren diese tiefe, ja existenzielle Krise – die einen früher, die anderen später. Ersatzhandlungen werden vollzogen: Das Pathos der Zukunft kontrastiert massiv mit dem Verwalten des Status quo von gestern. Die Reformversäumnisse der Vergangenheit werden zu den großen Herausforderungen von morgen umstilisiert. Kurzum: Der Motor der Politik läuft im Leerlauf. Halten wir uns vor Augen: Die politische Kultur steckt die Handlungsmargen der Politik eines Staates ab. Sie bildet den Resonanzboden, den Orientierungsrahmen und den Kompromiss für den politischen Alltag. Zeiten weltpolitischer Umbrüche, die wir in diesen Jahren vollziehen, werden zu besonderen Belastungsproben für die politische Kultur: Alte Bekenntnisse verlangen nach neuen Begründungen. Das Pathos von gestern wirkt plötzlich schal und abgestanden. Die Fliehkräfte des machtpolitischen Spiels ordnen sich neu.

Wo dieses Vertrauen fehlt oder wo dieses Vertrauen in Misstrauen umschlagen muss, dort büßen die sozialen Beziehungen ihre Kalkulierbarkeit ein. Die Gesellschaft muss sich zwangsläufig auf minimale Aktionen beschränken – vergleichbar einer Schwarzmarktsituation: Der eine hält die Ware in der rechten Hand. Der andere umfasst die Geldscheine mit der linken Hand. Beide können nur gleichzeitig loslassen. Eine solche Gesellschaft, organisiert nach den Normen des Schwarzmarktes, geschrumpft auf die Spielregeln des Misstrauens, hat ihre Vitalität eingebüßt, hat ihre Vitalität verloren.

Zurzeit ist unsere Gesellschaft in Europa von zwei großen Trends gekennzeichnet:

Auf der einen Seite vermisst die Bevölkerung die Orientierungsleistung der Politik. Worauf soll diese Gesellschaft sich ausrichten? Was ist das Zukunftsbild, auf das hin viele Detailentscheidungen orientiert sein müssen? Diese Orientierungsleistung bringt die Politik nicht mehr so wie in früheren Jahrzehnten. Es kommt hinzu, dass es auch schwieriger ist, die Welt ist komplizierter geworden. In früheren Jahrzehnten konnte es manchmal reichen, im Ost-West-Konflikt zu sagen: »Die da drüben machen das ganz anders«, damit war vieles erklärt.

Der zweite Trend ist: Jede moderne Gesellschaft lebt vom Vertrauen. Wir sind immer arbeitsteiliger: Wir müssen immer vertrauen, dass die anderen etwas können und ihr Handwerk verstehen. Wir haben deshalb in jeder Sekunde Vertrauensvorschuss notwendig. Die Menschen aber werden immer misstrauischer. Sie misstrauen auch der Politik immer mehr.

Der grundsätzliche wie aktuelle Befund liegt auf der Hand:

Der Bedarf an kollektiver Identität der Deutschen und der Europäer insgesamt ist heute offenbar nicht in ausreichender Weise befriedigt.[23]

Jede moderne Massengesellschaft, gekennzeichnet durch technologische Produktionsbedingungen, durch abstraktes Spezialwissen, durch Anonymität der Beziehungen, durch plurale Lebenswelten, hat einen hohen Bedarf an kollektiver Identität, an gesellschaftlicher Orientierungsleistung; diese wird mitgeprägt von den großen Themen und Aufgaben einer Zeit. Europaweit ist festzustellen: Die alten prägenden Ideen und Aufgaben haben ihre Schubkraft verbraucht, ohne dass neue an ihre Stelle getreten wären.

Dies bedeutet, es besteht ein eher höherer Bedarf an kollektiver Identität der Menschen in Deutschland und Europa. Wenn wir davon ausgehen, dass es in Deutschland gegenwärtig einen hohen Bedarf an Gemeinschaftsbewusstsein und Gemeinschaftserfahrung gibt, der nicht voll befriedigt wird, sondern sich eher in Distanzierungen und Rückzugsbewegungen äußert, wenn wir also davon ausgehen, dass es ein vagabundierendes Identitätsbedürfnis gibt, von dem man noch nicht weiß, wo es sich festmachen wird, dann wird die Zukunft Deutschlands und Europas wesentlich davon abhängen, ob und wie es gelingt, die kulturellen Interpretationsordnungen der neuen Epoche zu entwerfen.

Halten wir fest: Der Machtzuwachs Europas ist unübersehbar; der Bedeutungsschub Europas ist greifbar; der Souveränitätsverzicht der Staaten geht weiter. Zur Krisenbewältigung wird ein »Mehr Europa« gefordert. Aber wird dies alles von den Menschen mitvollzogen? Bedeutet etwa ein »Mehr Europa« nicht zugleich ein »Weniger Demokratie«? Die Frage verlangt nach überzeugenden, präzisen Antworten.

Die Distanz der Menschen zur Politik muss wieder reduziert werden, soll Europa handlungsfähig bleiben. In der Europäischen Union sind die Bürger dabei, der Politik ihr Vertrauen zu entziehen. Europa mutiert zur Misstrauensgesellschaft. Die Verfahren des Rechtsstaates und der Demokratie sind ihnen fremd geworden. Die Bürger wollen mitmachen, ihr Schicksal selbst in die Hand nehmen und nicht bloß Objekte ferner Entscheidungsinstanzen sein. In jedes Thema müssen die Europäer frühzeitig und direkt einbezogen werden. Nicht zuletzt eröffnen Internet-TV, Facebook und Twitter eine neue Welt der Mitwirkung, die dann auch in die persönliche Begegnung übergehen kann. Planspiele, Jugendparlamente und vieles mehr – neue Wege der Vermittlung Europas gibt es durchaus. Nur müssen sie intensiver und strategischer genutzt werden. Die europäischen Institutionen müssen in intensivierter Direktheit vor Ort die Kontroverse initiieren und organisieren. Die Präsenz vor Ort kann zum Schlüssel neuen Verstehens werden: »Going local« sollte ein künftiges Motto werden, das Europa erlebbarer macht.

Die europäische Ebene verzeichnet also einerseits einen Bedeutungsgewinn – andererseits aber unterscheidet sie sich in nichts vom Erosionsprozess der politischen Kultur in den Mitgliedstaaten. Hier wie dort besteht dringlicher Bedarf an Strategie, Zukunftsbild und Botschaft – aber hier wie dort wird nur punktuell, situativ und sprunghaft agiert. Auch für Europa liegt es auf der Hand: Das Grundmuster des Politischen muss sich ändern.

Die Friedensperspektive Europas besaß eine zweite Dimension: Im Ost-West-Konflikt fühlte man sich in den Demokratien des Westens existenziell bedroht durch die kommunistischen Diktaturen des Ostens. Jeder westeuropäische Staat wäre zu schwach, um der imperialen Weltmacht des Ostens erfolgreich Widerstand leisten zu können. Nur gemeinschaftlich würde ein Überleben gelingen. So wurde die Integration Europas zur unmittelbar plausiblen existenziellen Überlebensbedingung der Demokratien. Europarat, Europäische Gemeinschaft für Kohle und Stahl, Europäische Wirtschaftsgemeinschaft, Europäische Atomgemeinschaft, Deutsch-Französischer Freundschaftsvertrag: eine große Erfolgsgeschichte nahm ihren Lauf – auf der Grundlage der neuen Erfahrung von Frieden, Freiheit und Sicherheit.

Aber die unmittelbare, prägende Erfahrung der blutigen Schlachtfelder rückte mehr und mehr in die abstrakten Texte der Geschichtsbücher. Es war nicht mehr der tiefe Eindruck der persönlichen Erfahrung. Die Erosion der Friedensvision wurde später nochmals angegangen; die positive Idee wurde reaktiviert. Als man unter der Führung von Helmut Kohl und François Mitterrand eine Wirtschafts- und Währungsunion mit einer gemeinsamen Währung schuf, wurde Kohl nicht müde, diesen Schritt als eine Frage von Krieg und Frieden zu erklären.

In den aktuellen Turbulenzen um den Euro griff Altbundeskanzler Kohl dieses Bild wieder auf. Er schrieb in einem Artikel erneut, Europa sei eine Frage von Krieg und Frieden. Aber die Reaktion war völlig anders als früher. Seriöse Kommentare bescheinigten dieser Formel nun, sie sei »gespenstisch«. Daraus ist abzuleiten: Die elementare Begründung der Einigung Europas muss die neuen Konstellationen ebenso erklären wie die große Erfolgsgeschichte und die lange Geschichte der Krisen. Eine bloße Wiederholung der alten Formeln reicht zum Verstehen der komplexen Lage Europas nicht aus. Aber genauso wenig kann das bloße Abheben auf situatives Krisenmanagement und fluide Spekulationswellen der Märkte die Lage erklären.

Bringen wir die aktuelle Krise, die Schwierigkeiten und Herausforderungen mit den elementaren historischen Begründungen von Krieg und Frieden auf einen Schlüsselpunkt des Themas: Europas Politik muss das Erklärungsdefizit eliminieren. Es ist viel mehr Zeit und Kraft auf die Erläuterung zu richten. Man sollte die elementare Erkenntnis häufig wiederholen: Wer die Deutungshoheit gewinnt, der gewinnt auch die Zukunft. Und dennoch: Auch ein strategischer Entwurf zum Projekt Europa wird heute in einen schwierigen Kontext geraten. Die sowieso nur schwach ausgeprägte Identität Europas hat inzwischen ihre politische Stabilisierungsleistung weitergehend eingebüßt. Es gab in früheren Jahrzehnten durchaus stärkere Prägungen. Nach dem Zweiten Weltkrieg spürten die Europäer – jenseits ihrer entfernten historischen Erfahrungslinien – die ausgeprägte Notwendigkeit, als Antwort auf die Weltkriege eine Friedensgemeinschaft aufzubauen. Diese gemeinsame Idee geriet dann in einen dramatischen weltpolitischen Konflikt. Die Auseinandersetzung zwischen Ost und West war mehr als ein bloß vordergründiger Machtkonflikt: Sie war auch ein elementarer Konflikt um Normen. Und dies wirkte wiederum identitätsstiftend. Als der weltpolitische Konflikt zwischen Ost und West beendet war, fehlte die Identitätshilfe.

Europa kann heute nur als rettende Antwort auf die Globalisierung ein neues Ethos entfalten. In der Globalisierung liegt die Idee für die neue Begründung. Einen Aufbruch aus der »zweiten Eurosklerose« kann nur vermitteln, wer die Kunst der großen Deutung beherrscht. Am Beginn steht die Globalisierung mit ihren dramatischen Konsequenzen für jeden Einzelnen. Europa liefert die Antwort darauf mit seinem strategischen Konzept der Differenzierung nach innen und nach außen. Nur die Union kann schlüssige Antworten liefern, nur die Gemeinschaft ist stark genug, den einzelnen Staaten Schutz, Ordnung und Individualität zu garantieren. Europa hat das Potenzial zur Weltmacht. Allerdings muss dieses Potenzial angemessen organisiert und mit dem Geist europäischer Identität erfüllt werden. Eine solche historische Großleistung kann das gleiche Europa erbringen, das heute den großen Herausforderungen verunsichert gegenübersteht.

Eine mächtige politische Wirklichkeit, die ihre Identität sucht, braucht den Ort repräsentativer Selbstwahrnehmung. In der klassischen Lehre der repräsentativen Demokratie ist dieser Ort das Parlament. Das Europäische Parlament und die nationalen Parlamente sind heute aber weit davon entfernt, der öffentliche Ort der Selbstwahrnehmung einer Gesellschaft mit ihren Zukunftsbildern und Hoffnungen, mit ihren Ängsten und Konflikten zu sein. Das Europäische Parlament muss also – wie auch die nationalen Parlamente – seine Rolle neu verstehen.

Identität wird durch einen gemeinsamen Erfahrungshorizont kreiert.[24] Die Möglichkeiten hierzu bieten sich schon jetzt. Die Dichte integrativer Verbindung hat drastisch zugenommen. Längst ist es nicht mehr die bloße Zollunion oder dann nur der Binnenmarkt. Die Wirtschafts- und Währungsunion hat einen schicksalshaften Schub des Aufeinander-Angewiesenseins ausgelöst. Auch aus dem Ausland kommen fast täglich Anfragen – sei es zum UN-Sicherheitsrat, sei es zur Transformation im arabischen Raum, sei es im Nahost-Konflikt oder zu den Klima-Regimen. Aber eine kompakte europäische Antwort bleibt bisher aus. Allzu lange kann sich Europa dies nicht erlauben. Vielmehr muss es sich als Strategiegemeinschaft verstehen. Der Machtzuwachs Europas ist unübersehbar. Der Bedeutungsschub Europas ist greifbar: Europa erlebt eine Zeitenwende. Die Zäsur ist vergleichbar mit den großen Einschnitten in der Geschichte. Das Ringen um imperiale Hegemonie früherer Epochen, die Erfahrung großer kriegerischer Katastrophen erfasste ähnliche politische Tiefendimensionen wie auch die Gründungsschritte zur Erfolgsgeschichte der Integration. Der große Machtapparat der Europäischen Union wird folgerichtig konfrontiert mit der Frage nach seiner Legitimation.

Hält manch sich das gesamte Spektrum der deutschen Europapolitik vor Augen, dann wird ein Resümee ganz klar: Die Debatte hat keine klare Kontur. Es gibt diverse Elemente der Kritik, ebenso wie die Betonung der Erfolgsgeschichte. Es gibt Detailhinweise auf Reform-Notwendigkeiten ebenso wie warnende Bemerkungen im Blick auf populistische Abgründigkeiten. Es gibt aber kein deutliches Profil, das Orientierung auch im Pro und Kontra bieten würde. Die Baustelle Europa braucht aber eine solche transparente Erkenntnishilfe. Die Forderung, Klarheit zu schaffen, liegt also ganz elementar auf der Hand.

MITVERANTWORTUNG

Eine neue weltpolitische Epoche beginnt nicht über Nacht von einem Tag auf den anderen – auch nicht durch ein Fingerschnippen eines amerikanischen Präsidenten oder ein Strategiepapier des Planungsstabes im State Departement in Washington.

Eine neue weltpolitische Architektur bedarf der mittelfristigen Vorbereitungs- und Inaugurationsphase politisch-kultureller, sicherheitspolitischer und ökonomischer Art. So war es bei der Ära des Nationalstaates, so war es bei Ende des Zweiten Weltkrieges und dem Übergang zum Ost-West-Konflikt ebenso wie mit Ende des weltpolitischen Antagonismus und so ist es auch heute.[25]

Also fahnden wir nicht nach einem spezifischen Wahlkampfauftritt oder einem spezifischen Interview Barack Obamas, einer Rede von Mario Draghi, einer Erklärung von Angela Merkel, sondern nach den großen Gewichtsverschiebungen weltpolitischer Perspektiven.

Der Westen war über viele Jahrzehnte von einer elementaren, gemeinsamen Idee getragen und motiviert: Das Ethos der Freiheit muss sich weltweit Geltung verschaffen. Das Ethos der Freiheit ist zu übersetzen in weltpolitische Mitverantwortung. Das macht Amerikas und Europas Sonderstellung aus.

Idealtypisch greifbar wurde dies im großen weltpolitischen Ost-West-Konflikt, dessen Dramatik den Schauplatz Europa hatte: Freiheit gegen Unfreiheit, Marktwirtschaft gegen Planwirtschaft, Menschenbild West (der Mensch als Person) gegen Menschenbild Ost (der Mensch als Gattungswesen).

Dies bot eine große historische Prägung – verbunden mit dem Erfolg der westlichen Idee. Heute müssen wir zunächst festhalten: Nichts ist transatlantisch in Marmor gemeißelt. Das historische Kulturprodukt, komponiert aus politischen Erfahrungen, politischen und ökonomischen Interessen, aus Zielen und Werten, Hoffnungen und weltpolitischen Orientierungen, ist immer neu zu justieren. Hier einfach die alten Reden zu wiederholen mit all dem Pathos – es würde merkwürdig klingen. Aber nun gilt: Diese große weltpolitische Architektur, diese große kulturelle Prägung ist Vergangenheit – bestenfalls zu nutzen für kleinere nostalgische Erwärmungen.

Die Weltpolitik weist zwei neue Aggregatzustände auf:

Erstens ist sie wirklich multipolar geworden. Zur Lösung von Problemen reicht nicht mehr der Hinweis auf eine dominante Weltmacht. Das packt weder Amerika noch China. Die Liste ist erheblich länger geworden: Indien, Japan, Brasilien, Russland – und: Europa. Europa ist auf Grundlage seiner dramatischen Integrationsfortschritte der letzten 20 Jahre zu einem festen Bestandteil der weltpolitischen Machtarchitektur geworden.

Und zweitens hat die Digitalisierung die Globalisierung zur Erfahrung eines jeden Details – sei es nun in Berlin, Brüssel, Peking, Washington, Neu-Delhi passiert – in Jetztzeit gemacht. Diese tiefe Globalisierung wird in jeder Krisenerfahrung greifbar. Nichts ist mehr in insularer Selbstbezogenheit zu erfassen. Geradezu symbolisch verdichtet erscheint ein solcher Sachverhalt, wenn der deutsche Finanzminister innerdeutsche Steuerprobleme in Singapur verhandelt – und nicht mehr bloß in der nachbarlichen Schweiz.

Diese globalisierte multipolare Welt bietet für den Westen zwei alternative Handlungsperspektiven: Entweder man wird von Ereignissen, Problemen, Schwierigkeiten überrollt und zum hilflosen

Opfer der Gegebenheiten – oder man wird zum mitverantwortlichen Mitgestalter. Der Westen hat diese Frage grundsätzlich, normativ entschieden. Er will nicht Opfer, sondern Gestalter sein.

Die strategische, operative Konsequenz ist allerdings noch nicht präzise greifbar, im Alltag durchaus umstritten. Dies ist insbesondere im Blick auf Europa praktisch täglich zu beobachten.[26] Europa tut sich weltpolitisch schwerer als sein Partner USA. Und das ist historisch durchaus plausibel. Es gab Zeiten, da löste das Europa-Thema eher Langeweile aus. Die Europäische Wirtschaftsgemeinschaft (EWG) war etabliert. Sie besaß Zuständigkeiten für den Agrarmarkt und den Außenzoll. Die Integration war fester Bestandteil der weltpolitischen Statik des Ost-West-Konflikts. Viele Brüsseler Korrespondenten klagten, dass ihre Heimatredaktionen keine Artikel zu Europa haben wollten. Dies alles hat sich nun tief greifend verändert. Europa ist zum Machtkoloss geworden. Ein umfassender Kompetenztransfer von den Mitgliedstaaten auf die supranationale Ebene hat stattgefunden.

Daraus ist abzuleiten: Die elementare Begründung der Einigung Europas muss die neuen Konstellationen ebenso erklären wie die große Erfolgsgeschichte und die lange Geschichte der Krisen.

Eine bloße Wiederholung der alten Formeln reicht zum Verstehen der komplexen Lage Europas nicht aus. Aber genauso wenig kann das bloße Abheben auf situatives Krisenmanagement und fluide Spekulationswellen der Märkte die Lage erklären.

Alle Statistiken, die zur Analyse der Zukunft der weltpolitischen Konstellationen und zur Zukunft des Westens herangezogen werden, verweisen auf Globalisierungsgewinner und Globalisierungsverlierer: Als Gewinner werden Indien und China genannt, als Verlierer die USA und Europa bezeichnet. Dazu werden die demografischen Daten ebenso wie die ökonomischen Daten herangezogen. Daraus aber folgt konsequenterweise: Weder die USA noch Europa können jeweils alleine die weltpolitische Mitgestaltung realisieren. Der Westen ist in strategischer Partnerschaft gefordert.

Die transatlantischen Beziehungen sind ernsthaft auf den Prüfstand gestellt. Die Meldung, dass die amerikanischen Geheimdienste auch ihre besten Freunde flächendeckend überwacht und abgehört haben, erschüttert die Menschen. Und nicht einmal die politische Führung in den Staaten der Atlantischen Allianz wurde ausgenommen. Das Verhältnis Europas zu den USA – insbesondere die Beziehung Deutschlands zu Amerika – rutschte in eine tiefe

Misstrauensfalle. So stellt man sich eine Maschinerie der Vertrauensvernichtung vor. Bilder vom Überwachungsstaat und von der digitalen Besatzungsmacht erfassen die Fantasie der Europäer. Das Ansehen der Weltmacht USA ist schwer beschädigt.

Natürlich gibt es in den USA – aber auch in den europäischen Geheimdienstmilieus – eine ganz andere Wahrnehmung des Vorgangs. Da hat eine Weltmacht klare Interessen, die sie realisieren will. Sie fühlt sich zudem seit dem 11. September 2001 bedroht von einem weltweiten Netzwerk des Terrorismus. Die Attacke führte zu einer Traumatisierung der Seele Amerikas. Die Verantwortung der Politik besteht darin, die Bürger zu schützen, ihnen Sicherheit zu bieten. Dazu bedarf es aller Informationen – des Diplomatischen Dienstes, der Wissenschaft, der Medien und natürlich auch der Geheimdienste. Die Geheimdienste haben lückenlos alles zu sammeln – und vielleicht hilft es ja, Schutz und Sicherheit zu gewährleisten.

Diese Differenzen der Wahrnehmungen prallen unwattiert aufeinander. Aus europäischer Sicht ist das Ansehen der Weltmacht schwer beschädigt. Es tauchen zusätzliche Zweifel auf: Die innenpolitischen Spannungen in Amerika haben dramatisch zugenommen. In der »Konsensgesellschaft« früherer Jahrzehnte dominieren nun mehr und mehr die Hassbeziehungen. In Abständen wird ein innenpolitisches Machtritual durchgeführt, das die Weltmacht immer am Rande der Zahlungsunfähigkeit inszeniert. Überschuldung, Staatskonkurs, Haushaltsblockade – solche Phänomene unterfüttern nicht das ökonomische Ansehen einer Weltmacht. Und dann wendet diese Weltmacht ihre Aufmerksamkeit geopolitisch verstärkt dem pazifischen Raum zu – was die europäischen Freunde weder erfreut noch motiviert. Für die USA ist das beruhigte Europa, das seine Teilung historisch überwunden hat, kein strategischer Magnet. Die Weltmacht blickt aus Washington auf die weltpolitische Arena in Asien. Seit dem Ende des Ost-West-Konflikts gibt es für die amerikanische Politik keine präzisen Feindbilder mehr. In einer multipolaren Weltarchitektur gilt es, sich gegen jede Bedrohung aus jeder Himmelsrichtung zu schützen.

Die ernste Frage, ob Europa nun Abschied von der Weltmacht USA nehmen wird, verlangt jedoch, jenseits aktueller Aufregungen, Irritationen, Erschütterungen den Blick auf die historischen Fundamente und Entwicklungslinien der transatlantischen Beziehungen zu richten.

Analysieren wir zunächst das Schlüsselstück der transatlantischen Beziehungen, Kontinuität und Wandel der deutsch-amerikanischen Beziehungen. Das deutsch-amerikanische Verhältnis entzieht sich einfachen Beschreibungsversuchen. Die Wirklichkeit ist vielschichtig und kompliziert. Entsprechend vielstimmig bleiben durch die Jahrzehnte die Auffassungen zum Zustand und zur Zukunft der deutsch-amerikanischen Beziehungen. Da gibt es immer wieder Beispiele für die Dramatisierung der Lage, z. B. die Befürchtung des Wegdriftens der Deutschen aus der atlantischen Gemeinschaft, ebenso die düstere Vision einer Abwendung Amerikas von Europa. Es mangelt auch nicht an abgründigen Szenarien des Verfalls der westlichen Welt. Daneben gibt es auch viele Versuche zur rhetorischen Harmonisierung, so als ob Interessenskonflikte und Meinungsverschiedenheiten in freundschaftlichen Beziehungen nicht vorkommen dürften.

Eine Reihe von Paradoxien grundieren Dauerthemen des transatlantischen Dialogs:

Deutsche und Amerikaner sind verlässliche Freunde – dennoch haben sie Schwierigkeiten, sich zu verstehen. Deutsche und Amerikaner leben in einer Sicherheitsgemeinschaft – und dennoch werden immer wieder Zweifel an der sicherheitspolitischen Zuverlässigkeit des Partners geäußert.

Deutsche und Amerikaner sind ökonomisch eng miteinander verflochten – und dennoch werfen sich beide Seiten vor, eigenen Gewinn auf Kosten des Partners zu erwirtschaften. Die Europäer fordern die Amerikaner immer wieder auf, Führungskraft zu beweisen. Übernehmen aber die Amerikaner kraftvoll die Führung, dann äußern die Europäer sofort ihre Befürchtungen.

Die Amerikaner fordern die Europäer auf, die Integration voranzutreiben und zu weltpolitischer Handlungsfähigkeit zu führen. Erreichen aber die Europäer Fortschritte, dann wird in Amerika sofort Skepsis laut, ob sich dies nicht gegen den atlantischen Partner wende.

Nur eine naive Betrachtung ließe erwarten, die deutsch-amerikanische Freundschaft und die europäisch-amerikanische Partnerschaft blieben von den weltpolitischen Umbrüchen unserer Epoche unberührt. Dabei ist der aktuelle Befund der Partnerschaft klar: Das alte Pathos, das geschönt hat, ist dahin. Die emotionale Wärme ist deutlich reduziert. Das Misstrauen wächst. In der Tiefendimension der transatlantischen Beziehungen sind Erosionen unübersehbar. Außenpolitische Strategieverschiebungen, wachsendes Desinteresse, Auflösung der personellen Netzwerke, Wechsel der Generationen – Europa und Amerika erleben das Ende der langjährigen Selbstverständlichkeiten.

Fünf Veränderungen der internationalen Politik erscheinen für dieses Verhältnis besonders relevant:

1. Der internationale Terrorismus hat vor Jahren den Ost-West-Konflikt als strategische Hauptdeterminante der Weltpolitik abgelöst und damit tendenziell auch die alles überschattende Bedeutung der klassischen Sicherheitspolitik insgesamt. Gleichzeitig wächst die Zahl der Akteure in der internationalen Politik. Entsprechend steigt die Komplexität der Kooperations- und Konfliktmuster.

2. Die mediale Globalisierung führt den dichtesten weltpolitischen Zusammenhang herbei, den die Menschheit bisher gekannt hat. Regionale Konflikte gewinnen dadurch ebenso an weltpolitischer Bedeutung wie die fundamentalistischen Bewegungen. Das weltweite Netz an Informationen und Medien führt zu neuen Formen der internationalen Auseinandersetzung. Der Kampf um Deutungshoheit hat eine neue Qualität an Schärfe und Tiefe erhalten.

3. Die herkömmliche Vorstellung von nationaler Souveränität erweist sich zunehmend als ein idyllisch-naiver Gedanke von gestern. Der internationalisierten Struktur heutiger Probleme steht jedoch bisher keine adäquate politische Entscheidungskapazität gegenüber. Der Verlust an politischer Entscheidungskapazität ist die zwangsläufige Konsequenz.

4. In Europa wie in Amerika gilt es immer wieder, eine neue Antwort auf den Modernisierungsdruck zu finden. Europa reagierte mit der Vollendung der Wirtschafts- und Währungsunion und der Einführung einer gemeinsamen Währung. Die Außen- und Sicherheitspolitik hat jedoch diesen Modernisierungsschub bisher noch nicht erhalten. Insofern begegnen sich in diesem Feld die atlantischen Partner nicht auf Augenhöhe.

5. Die Gewichte der einzelnen politischen Segmente verschieben sich. Mit der Reduzierung des amerikanischen Truppenkontingents in Europa hat die verteidigungspolitische Dimension dieser Verbindung an traditioneller Bedeutung verloren. Die Gewichtungen werden neu ausbalanciert.

Falls man der atlantischen Gemeinschaft Zukunft geben will, dann ist sie als Lerngemeinschaft zu konzipieren. Die zentrale Modernisierungsressource der westlichen Gesellschaft ist ihre Fähigkeit zu lernen und zur raschen Anpassung ihrer Strukturen an neue Gegebenheiten. Um den Austausch von Lernerfahrungen möglichst effektiv zu gestalten, ist die Entwicklung neuer Kommunikationsstrukturen und Kooperationsformen nötig. Noch fehlen auf europäischer Seite wichtige institutionelle Voraussetzungen zu einer neuen Partnerschaft der Gleichen. Auch die amerikanische Politik hat über die Form und die Stärke ihrer Bindung an Europa noch nicht entschieden.

Fassen wir alles zusammen – das Grundsätzliche wie das Aktuelle –, dann lautet die Schlussfolgerung: Will man dem transatlantischen Verhältnis eine Zukunft geben, dann gilt es, sich dem Aufbau einer strategischen Vertrauenselite zu widmen – auf beiden Seiten des Atlantik. Das ist allerdings ein kultureller Vorgang, der etliche Jahre in Anspruch nehmen wird. Ergänzt wird diese Problematik durch den Verlust des sicherheitspolitischen Schlüssels: Das Prinzip der Abschreckung kann nicht mehr die Sicherheit garantieren. Das Abschreckungskalkül hob ab auf das Risiko-Kalkül des potenziellen Angreifers. Kein Angreifer wollte die Selbstvernichtung riskieren. Deshalb kalkulierten die Eliten in Ost und West so sorgfältig – was ein friedenserhaltendes Ergebnis zeitigte. Heute aber ist die Sicherheit bedroht unter anderem durch professionelle Terroristen, denen paradiesische Zusagen im Falle ihres eigenen Lebensopfers gegeben sind. Risikokalkül ist keine Grundlage ihres sicherheitspolitischen Denkens und Handelns. Sicherheit hat weitgehend ihre rationale Grundlage verloren. Die Gesellschaften sind auf neue Art zu Schutz-Suchenden geworden.

Wenn wir diese Verbindung von Orientierungskrise und Vertrauenskrise auf die weltpolitische Bühne projizieren, dann müssen wir uns sensibel eine elementare Erkenntnisgrundlage vor Augen halten: Alles ist Perzeption – nicht ein Ding an sich. So konstatierte es bereits ein Immanuel Kant. Wie also ist die Wahrnehmung der weltpolitischen Architektur? Das empirische Datenmaterial vermittelt eine weltweit eindeutige Botschaft: Gegenwärtig dominieren zwei große Weltmächte diese weltpolitische Architektur: die USA und China. In 20 Jahren aber werden es dann sechs Weltmächte sein, die unser Leben prägen werden: die USA und China, Indien und Japan, Russland und Europa. Nach dem

Zeitalter der Bipolarität folgt eine komplexe Multipolarität.

Wer aber wird diese Multipolarität prägen? Die
konventionellen Kategorien der Macht lauten:
wirtschaftliche Potenz, politische Stabilität, wis-
senschaftliches Potenzial, militärische Kraft. Aber
wirklich entscheidend wird sein, wer über die
Deutungsmacht verfügt, wer das Erklärungsmodell
in der Hand hat, dem die anderen folgen. Jede Weltmacht muss also strategische Kulturen und strategische Eliten aufbauen.

Das weltweite Kernproblem bleibt dazu die Diskrepanz zwischen internationalisierter Problemstruktur und nationaler Legitimationsstruktur. Die
weltpolitischen Akteure müssen immer vorsichtig
auf ihre nationale Legitimationsbasis blicken. Damit verlieren sie häufig die langfristige strategische
Problemlösung aus den Augen.

Was bedeutet das alles für die künftige weltpolitische Rolle Europas?

Europa könnte ein neues Kapitel seiner Erfolgsgeschichte schreiben. Die Bewohner der Europäischen Union haben erkannt, dass für die Agenda der
Zukunft der einzelne Staat zu klein und der Hinweis auf die Globalität zu diffus ist. Der Kontinent
aber, auf dem rund 500 Millionen Menschen ihr

Zusammenleben politisch organisieren, ist die angemessene Größenordnung. In der Wahrnehmung seiner Bürger hat Europa auf dem Unterfutter globaler Finanzkrisen enorm an Bedeutung gewonnen.

Trotzdem schlägt es gerade eine neue Seite seines umfangreichen Buches der verpassten Chancen auf. Die Menschen begeben sich in eine Art innerer Migration, weil die Politik ihnen keine Orientierung bietet.

Warum eigentlich nicht? Vor einigen Jahren hatte bereits der französische Staatspräsident Nicolas Sarkozy einen großen strategischen Aufbruch gefordert. Bei seinen europäischen Kollegen löste er nur Vorbehalte aus.

Dabei ist die Liste existenzieller Zukunftsfragen nicht zu übersehen: Das Thema Sicherheit stellt sich mit völlig anderer Dringlichkeit. Das alte Prinzip der Abschreckung ist ausgehebelt. Die Bedrohung ist viel differenzierter, schwieriger zu kalkulieren und multidimensionaler – global vernetzt, mobiler, ihre Technologie wandelt sich schneller. Die Politik muss strategische Antworten auf diese Probleme erarbeiten, will sie die Chance auf ein Überleben stärken.

Bisher taucht die Politik ab. Die dramatischen Veränderungen der Demografie ignoriert sie in geradezu peinlicher Form – sie fürchtet punktuelle Unpopularität. Dabei leben in ganz Europa zunehmend ältere und immer weniger junge Menschen; das Arbeits- und Sozialleben aber folgt immer noch der Logik der 19. Jahrhunderts. Damals waren die Menschen wegen ihrer harten Arbeit und ihrer schlechten Ernährung sehr früh körperlich verbraucht. Entsprechend wurde der Ruhestand organisiert. Heute bleiben die Menschen zwar bis ins hohe Alter arbeitsfähig, werden aber künstlich aus dem Arbeitsmarkt entfernt. Die Politik kennt die Schärfe der Daten, wagt sich aber nicht an die Lösung des Problems.

Beim Thema Energieversorgung sieht der Befund ähnlich aus. Europa ist der größte Energieimporteur der Welt, unsere Lieferanten sind aber im Wesentlichen Länder in Krisenregionen oder machtbewusste Staaten ohne Stabilitätsgarantie. In Europa brennen künftig nur die Lichter, wenn es sich auf ein global angelegtes gemeinsames Konzept der Energiesicherung verständigt. Bislang ist davon wenig zu spüren.

Europa trägt als eine werdende Weltmacht natürlich eine große weltpolitische Mitverantwortung. Doch gleichgültig, ob es sich um die globalen Finanzmärkte oder den Klimawandel handelt, um

Migration oder ethnologische Konflikte – keine Weltmacht kann solche Herausforderungen allein bewältigen. Wir brauchen dazu strategische Partnerschaften. In Indien, China und Brasilien sucht Europa bis heute aber vergeblich nach solchen Partnern. Nicht einmal bei den USA oder Russland lassen sich strategische Profile ausmachen.

Die EU verzeichnet also einerseits einen Bedeutungsgewinn – andererseits aber leidet sie unter der gleichen Erosion der politischen Kultur wie auch ihre Mitgliedstaaten. Hier wie dort bedarf es dringend einer Strategie, eines Zukunftsbildes und einer Botschaft – aber hier wie dort wird nur punktuell, situativ und sprunghaft agiert. Das politische Grundmuster muss sich ändern. Wir brauchen starke politische Führungsfiguren und strategische Köpfe. Notwendige Schritte müssen erklärt und vertrauensbildend umgesetzt werden.

Wer sich in Zeiten der Globalisierung und der Entstehung einer multipolaren Weltordnung Ausmaß und Tragweite des politischen und kulturellen Wandels vor Augen führt, spürt das Fehlen einer Debatte umso schmerzlicher. Im Sinne einer sentimentalen Vergangenheitsschwärmerei ist heute für eine Idee namens Europa zweifellos kein Platz. Aber als ein systematisches Konzept zum Beitrag einer weltpolitischen Ordnung braucht der Kontinent eine Idee von sich selbst. Das Bild eines differenzierten Europas könnte die Verwirrung in unseren Köpfen neu ordnen. Und es könnte helfen, Europa die Fähigkeit zu erhalten, den Wandel erfolgreich zu organisieren – ein zentrales Identitätsmerkmal des europäischen Projekts.

STRATEGIE-IDEE

Europa gibt immer wieder Rätsel auf. Es bietet dramatische Krisenmeldungen. Daran schließen sich Hinweise auf unverzichtbare Erfolge an. Die Schwierigkeiten des Tages verweben sich mit den Fragen an die Zukunft des Kontinents. Strategische Ratlosigkeiten sind unübersehbar, zugleich werden Erinnerungen an alte Meisterwerke der Integrationsgeschichte wachgerufen. Sind wir auf dem Weg in ein neues Europa?

Ein grundsätzlicher Klärungsbedarf wird unübersehbar: Wie soll die Handlungsfähigkeit der Europäischen Union heute und künftig gesichert werden? Wie sind Währungskrisen zu vermeiden? Welches Gewicht besitzt die deutsch-französische Zusammenarbeit? Wie ist die spezifische Rolle Großbritanniens einzuordnen? Wird die Balance zwischen großen und kleinen Staaten in der Europäischen Union gewährleistet? Ist die Grundlage europäischer Legitimation gesichert? Wie kommt Europa seiner weltpolitischen Mitverantwortung nach?

Halten wir uns vor Augen: Dieser Kontinent steht immer unter Spannung, von Anfang an. Es ist gleichsam ein Naturgesetz Europas: Die größtmögliche Vielfalt an Temperamenten, Mentalitäten und Traditionen lebt in größtmöglicher räumlicher Dichte zusammen. Daraus ergibt sich eine permanente Spannung, die sich immer wieder entlädt, mal positiv, mal negativ. Die negative Variante konkretisiert sich in hegemonischen Katastrophen und brutalen Kriegen. Die positive Variante besteht in zivilisatorischen Großleistungen. Die Europäer sind gut beraten, diese historische Erfahrung positiv zu verarbeiten, statt immer wieder infantil zu beginnen und die alten Fehler zu wiederholen. Es gilt also, die Spannung des Kontinents in zivilisatorische Großleistungen umzusetzen.

Wer Europa die Tür in eine erfolgreiche Zukunft öffnen will, der muss einen Katalog von Schlüsselaufgaben bearbeiten:

Es gilt, die richtigen Fragen zur Zukunft des Kontinents zu stellen. Dies gelang einmal bereits meisterhaft, als es galt, die Europäische Union aus der Stagnation zu befreien. Nach dem enttäuschenden Gipfel von Nizza im Jahr 2000 stellte die belgische Ratspräsidentschaft beim Gipfel von Laeken (Dezember 2001) achtundfünfzig Fragen, die Europa wieder auf einen klugen strategischen Weg brachte. Heute gilt es erneut, einen »Geist von Laecken« zu finden.

Nach dem ersten großen Erlebnis des Scheiterns der Integration 1954, als in Frankreich der EVG-Vertrag nicht ratifiziert wurde, gelang es, einen neuen Spirit des Aufbruchs sofort zu mobilisieren. Es wurde die Konferenz von Messina einberufen, die das Konzept der römischen Verträge initiierte. Auch heute wäre ein »Geist von Messina« hilfreich.

Die Achillesferse Europas ist zu überwinden: das strategische Defizit.

Es gilt, die Begeisterung einer identitätsstiftenden Idee freizusetzen.

Wenn man eine solche Verbindung von zwei Aufbruchs-Ideen realisieren will – die Verbindung des »Geistes von Messina« mit dem »Geist von Laecken« – dann bieten vier normative Leitlinien das elementare Angebot strategischer Orientierung:

- Neue Begeisterungsfähigkeit wecken.
- Neue Begründung der europäischen Integration.
- Neue Differenzierung der Integration realisieren.

Neue Begeisterungsfähigkeit wecken

Ein Konzept, das Menschen positiv berührt, ja be-
geistert, sollte erarbeitet werden. Lassen Sie es uns
an einem kleinen Ausschnitt der Europapolitik ver-
anschaulichen – am »Sport-Europa«.

Wieso? – wird manch einer fragen. Was hat denn
die Europäische Union überhaupt mit Sport zu tun?
In dieser Unkenntnis eines interessanten europapolitischen Sachverhalts liegt das Problem. Da gibt es
eine Europäische Union, die die Herzen der Menschen nur noch schwer erreicht. Sie ist komplex,
intransparent, bürokratisch, technokratisch – und
wirkt eher unterkühlt, distanziert. Besonders bei
der Wahl zum Europäischen Parlament wird dies
für die Europapolitik besonders schmerzhaft spürbar. Man will Emotionen für das große historische Werk Europa wecken. Die Europäische Union
ist doch sogar mit dem Friedensnobelpreis aus-
gezeichnet worden. Man will Begeisterung und
Zustimmung erfahren. Die Welt des Sports bietet
einen solchen Ort der Begeisterung – und die
Europäische Union verfügt inzwischen auch dort
über Kompetenzen. Eigentlich die perfekte Brücke,
Zustimmung zu organisieren. Aber kaum jemand
weiß davon; kaum jemand verspürt es. Das »Sport-

Europa« ist ganz offenkundig ein »Ort der verpassten Chancen«.

Das Thema »Sport« tauchte bereits vor etlichen
Jahren in europäischen Programmen wie »Jugend
in Aktion«, »Lebenslanges Lernen«, »Ehrenamt«
auf. Im Jahr 2008 veröffentlichte das Europäische
Parlament sogar ein »Weißbuch Sport«. Die europapolitische Dimension des Sports sollte eine strategische Ausrichtung und damit auch eine größere
Aufmerksamkeit erhalten – so wollten es die Par-
lamentarier. Formelle Konsequenzen zu diesem
Themenfeld besaß die Europäische Union aber zu
diesem Zeitpunkt nicht. Diese Kompetenzen erhielt
sie erst im Jahr 2009 mit dem Inkrafttreten des Vertrags von Lissabon. Dort hieß es – in Artikel 165
des Vertrages über die Arbeitsweise der Europäischen Union: »Die Union trägt zur Förderung der
europäischen Dimension des Sports bei und be-
rücksichtigt dabei dessen besondere Merkmale,
dessen auf freiwilligem Engagement basierende
Strukturen sowie dessen soziale und pädagogische
Funktion.«

Was hat die Europäische Union nun mit diesen
neuen vertraglichen Möglichkeiten angefangen?
Man könnte ironisch festhalten: wie üblich, Papiere
produziert. Die Kommission veröffentlichte 2011

eine Mitteilung zur »Entwicklung der europäischen Dimension des Sports«. Darin ist zu lesen vom Dialog mit den Sportvertretern, von gesundheitsfördernder körperlicher Betätigung, von sozialer Integration durch Sport. In einem »Arbeitsplan Sport« wurde der Kampf gegen Doping wie gegen manipulative Spielabsprachen angesprochen, Finanzmittel für Sport-Förderprogramme wurden erstmals für die Haushaltsphase 2014 bis 2020 ins Auge gefasst.

Aber begeisternde Strategien sehen anders aus. Um nur ein kleines, erläuterndes Beispiel zu nennen: Warum fördert die Europäische Union nicht stimulierende Programme wie »Anpfiff Europa«? Auf Initiative einiger überzeugter Europäer treffen sich im Sommer auf dem Gut der früheren Widerstandskämpfer von Moltke in Kreisau 80 Jugendliche aus verschiedenen europäischen Ländern und spielen unter Anleitung von professionellen Trainern Fußball zusammen. Sie musizieren zusammen und werden in Sachen internationaler Verständigung pädagogisch begleitet. Ein großer Erfolg – aber von der Europäischen Union noch nicht als Schatz geborgen.

Zieht man die Bilanz des »Sport-Europa«, so ist festzuhalten:

Die Europäische Union hat die Bedeutung des Sports erkannt und hat sogar vertragliche Kompetenzen erhalten. Aber in der Umsetzung dieser neuen Möglichkeiten blieb sie bisher grau, bürokratisch, unscheinbar. Man muss ihr den dringenden Rat geben: Wenn sie die Herzen der Europäer erreichen will, dann sollte sie bald eine Strategie der Begeisterung erarbeiten lassen. Dieses neue Europa des sportlichen Aufbruchs hätte großartige neue Chancen. Auf solch einen neuen Geist warten die Bürger Europas. Und sie werden immer ungeduldiger.

Neue Begründung der europäischen Integration

Es gilt, die Unterstützung des Bürgers für die europäische Politik durch geeignete politische Kommunikation wiederzugewinnen.

Einen symbolträchtigen Ausdruck fand dieser historische Vorgang in der Schaffung der gemeinsamen Währung, dem Euro. Vor diesem Hintergrund bietet nun seit geraumer Zeit Europa ein großes Drama. Tägliche, fast stündliche Hiobsbotschaften versetzen die Menschen in Aufregung; sie lösen Sorgen und Ängste aus. Die Schlagzeilen wie »Albtraum Europa« oder »Der Kontinent brennt« werden gleichsam zur Routine. Und weit über 70 Prozent der Menschen sagen: Ich verstehe das alles nicht. Notwendig ist also Erklärung, Begründung und Deutung in einer unruhigen und zugleich komplizierten Zeit.

Daraus ist abzuleiten: Die elementare Begründung der Einigung Europas muss die neuen Konstellationen ebenso erklären wie die große Erfolgsgeschichte und die lange Geschichte der Krisen. Eine bloße Wiederholung der alten Formeln reicht zum Verstehen der komplexen Lage Europas nicht aus. Aber genauso wenig kann das bloße Abheben auf situatives Krisenmanagement und fluide Spekulationswellen der Märkte die Lage erklären. Wie dürftig aber die aktuellen Versuche der Erläuterung in Europa ausfallen, zeigt auch das Urteil des Philosophen Jürgen Habermas, der »eine normativ abgerüstete Generation der Kurzatmigkeit« konstatiert.

Bringen wir die aktuelle Krise, die Schwierigkeiten und Herausforderungen mit den elementaren historischen Begründungen von Krieg und Frieden auf einen Schlüsselpunkt des Themas: Europas Politik muss das Erklärungsdefizit eliminieren. Es ist viel mehr Zeit und Kraft auf die Erläuterung zu richten. Wer die Deutungshoheit gewinnt, der gewinnt auch die Zukunft. Und dennoch: Auch ein strategischer Entwurf zum Projekt Europa wird heute in einen schwierigen Kontext geraten. Die sowieso nur schwach ausgeprägte Identität Europas hat inzwischen ihre politische Stabilisierungsleistung weitgehend eingebüßt. Es gab in früheren Jahrzehnten durchaus stärkere Prägungen. Nach dem Zweiten Weltkrieg spürten die Europäer – jenseits ihrer entfernten historischen Erfahrungslinien – die ausgeprägte Notwendigkeit, als Antwort auf die Weltkriege eine Friedensgemeinschaft aufzubauen. Diese gemeinsame Idee geriet dann in einen dramatischen weltpolitischen Konflikt. Die Auseinandersetzung zwischen Ost und West war mehr als ein bloß vordergründiger Machtkonflikt: Sie war auch ein elementarer Konflikt um Normen. Und dies wirkte wiederum identitätsstiftend. Als der weltpolitische Konflikt zwischen Ost und West beendet war, fehlte die Identitätshilfe.

Europa kann heute nur als rettende, elementare Antwort auf die Globalisierung ein neues Ethos entfalten. In der Globalisierung liegt die Idee für die neue, kraftvolle Begründung. Einen Aufbruch aus der »zweiten Eurosklerose« kann nur vermitteln, wer die Kunst der großen Deutung beherrscht.

Am Beginn steht die Globalisierung mit ihren dramatischen Konsequenzen für jeden Einzelnen. Europa liefert die Antwort darauf mit seinem strategischen Konzept der Differenzierung nach innen und nach außen. Nur die Union kann schlüssige Antworten liefern, nur die Gemeinschaft ist stark genug, den einzelnen Staaten Schutz, Ordnung und Individualität zu garantieren. Europa hat das Potenzial zur Weltmacht. Allerdings muss dieses Potenzial angemessen organisiert und mit dem Geist europäischer Identität erfüllt werden. Eine solche historische Großleistung kann das gleiche Europa erbringen, das heute den großen Herausforderungen verunsichert gegenübersteht.

Alle Statistiken, die zur Analyse der Zukunft der weltpolitischen Konstellationen und zur Zukunft des Westens herangezogen werden, verweisen auf Globalisierungsgewinner und Globalisierungsverlierer: Als Gewinner werden Indien und China genannt, als Verlierer die USA und Europa bezeichnet. Dazu werden die demografischen Daten ebenso wie die ökonomischen Daten herangezogen. Daraus aber folgt konsequenterweise: Weder die USA noch Europa können jeweils alleine die weltpolitische Mitgestaltung realisieren. Der Westen ist in strategischer Partnerschaft gefordert.

Neue Differenzierung der Integration realisieren

Europa muss seine Führungskraft fortentwickeln. Die machtvolle Komposition des Kontinents kann nicht einfach fortschreiben, was einst für die Europäische Wirtschaftsgemeinschaft mit sechs Mitgliedstaaten galt. Das erheblich größere Europa ist differenzierter zu organisieren. Bereits in den 1990er-Jahren, als mit der Wirtschafts- und Währungsunion und dem bevorstehenden Beitritt neuer Mitgliedstaaten aus Mittel-/Osteuropa Strategien zur Vertiefung und Erweiterung parallel verfolgt wurden, besannen sich Europas Spitzenpolitiker einer Idee, die Willi Brandt und Leo Tindemans bereits zwanzig Jahre zuvor geprägt hatten und die Fragen der Führungsstrategie mit Fragen der Identität kombiniert: die differenzierte Integration. In den verschiedenen Politikbereichen sind seitdem Integrationsschritte erfolgt, an denen sich nicht alle EU-Mitgliedstaaten beteiligen. Die Eurozone, der Schengen-Raum und weitere Projekte zeigen, dass die differenzierte Integration schon seit Jahren ein fester Bestandteil des Integrationsprozesses ist.

Differenzierte Integration kann als Laboratorium für das Innovationspotenzial der EU dienen. Die

Heterogenität und die schiere Zahl unterschiedlicher Interessen laden geradezu dazu ein, Projekte voranzutreiben, die von einer Gruppe von Staaten für wichtig erachtet werden, die aber keine Realisierungschance im Geleitzug der ganzen Union haben. Dabei bedeutet differenzierte Integration nicht, eine Zweiklassengesellschaft der europäischen Staaten einzuführen. Stattdessen sollten dort, wo eine Vertiefung gegenwärtig nicht mit allen Mitgliedstaaten erfolgen kann, gezielt sachorientierte Kooperationsformen entstehen. Ist ein solches Projekt dann erst einmal erfolgreich umgesetzt, wird dieses die notwendige Anziehungskraft für den Beitritt weiterer Staaten entwickeln.

Differenzierte Integration ist keine Gefahr, sondern eine Chance. Wer europäische Handlungsfähigkeit optimieren will, der muss sich den Mühen europäischer Selbstverständigung unterziehen. Die politischen und kulturellen Eliten müssen ihr Verständnis der Risiken und Chancen ineinander verweben. Die Mühe der Vorverständigung und der strategischen Zukunftsperspektive muss man in Europa auf sich nehmen, will man nicht immer wieder infantil beginnen und die alten Fehler wiederholen. Doch hat die Vergangenheit gezeigt, dass solche Verständigungsprozesse in einem Europa der 25 Mitgliedstaaten Zeit brauchen. Zeit, welche die EU längst nicht mehr hat. Viel zu lange hat sie schon die politisch-kulturelle Dimension der Europäischen Integration vernachlässigt. Die differenzierte Integration bietet die Chance, die Handlungsfähigkeit der Union zu sichern, ohne Fragen der Selbstverständigung zu ignorieren.

Der Blick ist also auf den geistigen Horizont, auf die grundlegenden Motive, Interessen und Hindernisse zu richten. Nur durch einen offenen Kommunikationsprozess, der Ideen und Meinungen über die Grenzen hinweg fließen lässt, kann man eine gemeinsame Vorstellung vom Kern der europäischen Zukunft entwickeln. Ein neuer »Geist von Messina« muss sich mit einem neuen »Geist von Lacken« verbinden.

Aus alledem ist ein Schluss zu ziehen für Europa: Strategisches Denken ist angesagt. Nur so kann Europa eine zukunftsfähige Form finden. Die Alternativen lassen sich beobachten. Ich wiederhole dazu die ernste Feststellung: In fast jedem Mitgliedstaat gibt es Fluchtbewegungen aus der Komplexität der Lage in die einfache Formel des populistischen Extremismus. Will man diese Herausforderung erfolgreich bestehen, dann sind drei strategische Probleme zu lösen:

Die politische Führungsfrage ist bisher ungeklärt. Den Beobachtern bleibt die Spannung zwischen dem Präsidenten des Europäischen Rates, dem Präsidenten des Ministerrates, dem Präsidenten der EU-Kommission, dem Vorsitzenden des Euro-Rates, den Sprechern des Europäischen Parlaments, den Staats- und Regierungschefs der Mitgliedstaaten und je nach Aufgabe zusätzlich dem Präsidenten der Europäischen Zentralbank und der Hohen Repräsentantin für Außen- und Sicherheitspolitik nicht verborgen. Aber wer hat für welche Aufgabe wirklich die Führungsverantwortung? Diese Frage kann gegenwärtig niemand beantworten. Durch eine Neukomposition der Führungsarchitektur ist diese Antwort zu geben.

Die Europäische Union gehört zweifellos zu den höchst intransparenten Phänomenen, mit denen das politische Leben umzugehen hat. Intransparenz aber veranlasst Distanzierung und Flucht in einfachen Populismus. Daraus folgt also die Priorität die Notwendigkeit, Transparenz zu schaffen.

Europa hat dramatisch an Macht gewonnen – aber nicht an Zustimmung der Bürger. Der Euro-Rahmen hat über viele Hunderte Milliarden zu entscheiden, aber die Hintergründe, Anlässe, Interessen und Ziele bleiben unklar und werden von den

Europäern nicht verstanden. Wer ist denn zu solch weitreichenden Entscheidungen überhaupt legitimiert? Die Legitimationsfrage rückt in das Zentrum der Aufmerksamkeit.

Das aktuelle Dilemma wird damit evident: Der Bürger muss Europa als sein Europa erfahren können. Er muss es verstehen, er muss partizipieren können. Mehrere Entscheidungen wären dabei hilfreich: Zur institutionellen Fortentwicklung hat der Europäische Rat eine hochrangige Reformkommission eingesetzt. Eine ähnliche Kommission sollte zum Thema Dezentralisierung und Rückabwicklung von Kompetenzen eingesetzt werden. Der klare Blick auf die Zuordnung von Kompetenzen sollte wiederhergestellt werden. Ebenso wichtig aber ist das Konzept, ein Europa nah am Bürger zu schaffen, Europa als Ort der Partizipation zu kreieren – das wäre die Lösung. Partizipation kann sich nicht erschöpfen in den Wahlen zum Europäischen Parlament und künftig vielleicht noch in der Direktwahl eines Präsidenten. Nein, auch die thematischen Details der strategischen Antworten müssen in einer Partizipationskultur erarbeitet werden. Diese Aufgabe rechtfertigt jeden Aufwand an Fantasie und Kreativität.

Europa braucht also einen anspruchsvollen konzeptionellen Diskurs. Es braucht Schritte in eine reale europäische Öffentlichkeit – also die kulturelle Grundierung seiner politischen Ordnung. Wenn wir es sensibel und strategisch präzise angehen, dann können wir feststellen: Europa steht am Beginn einer neuen Epoche.

LITERATURHINWEISE

1. Siehe dazu Werner Weidenfeld, Konrad Adenauer und Europa, Die geistigen Grundlagen der westeuropäischen Integrationspolitik des ersten Bonner Bundeskanzlers, Bonn 1976.
2. Dazu regte ich auch eine Dissertation an: Eckart Gaddum, Die deutsche Europapolitik in den 80er-Jahren. Interessen, Konflikte und Entscheidungen der Regierung Kohl, Paderborn 1994.
3. Siehe dazu vertiefend Werner Weidenfeld, Außenpolitik für die deutsche Einheit. Die Entscheidungsjahre 1989/90, Stuttgart 1998.
4. Vgl. vertiefend Winfried Böttcher (Hrsg.), Klassiker des europäischen Denkens, Friedens und Europavorstellungen aus 700 Jahren europäischer Kulturgeschichte, Baden-Baden 2014.
5. Jürgen Habermas, Wir brauchen Europa! Die neue Hartleibigkeit: Ist uns die gemeinsame Zukunft schon gleichgültig geworden? In: Die Zeit, Nr. 21., 20. Mai 2010.
6. Zur Vertiefung s. Julian Nida Rümelin / Werner Weidenfeld (Hrsg.), Europäische Identität: Voraussetzungen und Strategie, Baden-Baden 2007; Peter Berger u. a., Das Unbehagen in der Modernität, Frankfurt am Main 1975; Hermann Lübbe u. a., Der Mensch als Orientierungswaise?, München 1982.

7. Vgl. grundsätzlich weiterführend Hannah Arendt, Elemente und Ursprünge totaler Herrschaft, Frankfurt/M. 1958.
8. Als Überblick siehe dazu Heinrich A. Winkler (Hrsg.), Nationalismus in der Welt von heute, Göttingen 1982; zu den kulturgeschichtlichen Hintergründen siehe Stephan Popov, Am Ende aller Illusionen. Der europäische Kulturpessimismus, Köln 1982.
9. Gottfried Benn, Der Ptolemäer – Berliner Novelle (1947), in: ders., Gesammelte Werke in acht Bänden, hrsg. von Dieter Wellershoff, Bd. 5, Wiesbaden 1968, S. 1396.
10. Siehe vertiefend zur Legitimationsproblematik Andreas Tiedtke, Demokratie in der Europäischen Union: Eine Untersuchung der demokratischen Legitimation des europäischen Integrationsprozesses vom Vertrag von Amsterdam bis zum Entwurf einer Europäischen Verfassung, Berlin 2005; Nicolai von Ondarza, Legitimation ohne Einfluss?, Baden-Baden 2012; Andreas Wehr, Der europäische Traum und die Wirklichkeit, Köln 2013.
11. In: Die Zeit vom 27.12.2012, S. 1.
12. Vgl. Wilfried Loth, Die Teilung der Welt. Geschichte des Kalten Krieges 1941–1955, München 2000; ders., Der Weg nach Europa. Geschichte der europäischen Integration 1939 – 1957, Göttingen 1996.
13. Zum grundsätzlichen Kontext vgl. Hans-Christian Crueger, Die außenpolitische Staatsräson der Bundesrepublik Deutschland. Theoretische Grundlagen und politikwissenschaftlicher Diskurs, Berlin 2012.

14. Süddeutsche Zeitung vom 11.09.2012.

15. Jürgen Habermas, Zur Verfassung Europas, Berlin 2011.

16. Hans Magnus Enzensberger, Sanftes Monster Brüssel oder die Entmündigung Europas, Berlin 2011.

17. Martin Große-Hüttmann, Bundesrepublik Deutschland, in: Werner Weidenfeld/ Wolfgang Wessels (Hrsg.), Jahrbuch der Europäischen Integration 2011, Baden-Baden 2012, S. 284.

18. Siehe Hanns Maull, Deutsche Außenpolitik: Orientierungslos. In: Zeitschrift für Politikwissenschaft 21/2011, S. 95–119.

19. Bundeskanzler a. D. Helmut Kohl im Interview, in: Internationale Politik 5/2011, S. 10–18, hier: S. 10.

20. Jürgen Habermas, Zur Verfassung Europas, Berlin 2011, S. 128 f.

21. Wolfgang Ischinger, Mehr Verantwortung, in: Handelsblatt v. 3./4.02.2012, S. 80.

22. Joseph F. Nye, Hat Merkel Visionen?, in: Die Welt v. 19.11.2011, S. 2; vgl. auch ders.: Macht im 21. Jahrhundert, Berlin 2011.

23. Vgl. u. a. Wolfgang Schmale, Geschichten und Zukunft der Europäischen Identität, Stuttgart 2008.

24. Vgl. u. a. Julian Nida-Rümelin u. Werner Weidenfeld (Hrsg.), Die Identität Europas: Voraussetzungen und Strategien, Baden-Baden 2007.

25. Vgl. vertiefend Dieter Senghaas: Weltordnung in einer zerklüfteten Welt, Berlin 2012.

26. Vgl. vertiefend Stefan Fröhlich, Die Europäische Union als globaler Akteur, 2. Aufl. Wiesbaden 2014.